BEAUTY

MAKE-UP

COOLE IDEEN IN FARBE
NATURLOOK KOMMT AN
RAFFINIERTE HIGHLIGHTS

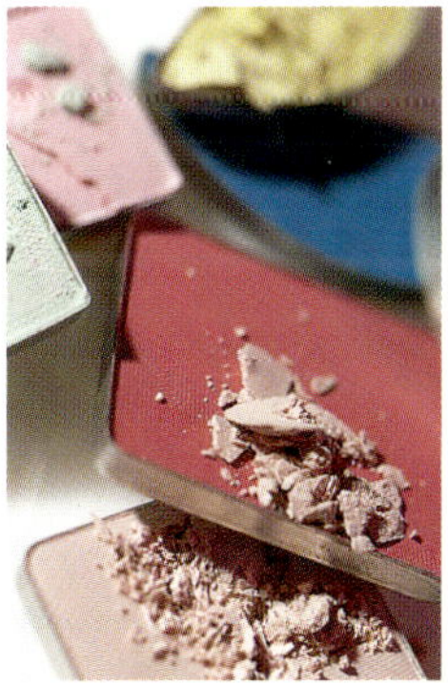

NATÜRLICHER GEHT´S NICHT

Make-up, das fast so wirkt wie ungeschminkt, betont die natürlichen Farben des Gesichts. Je transparenter, desto besser!

Damit die natürliche Frische ungeschminkter Haut erhalten bleibt, sollte beim Naturlook auf stark deckendes Make-up verzichtet werden. Schöne Haut kann ungeschminkt bleiben; eine ■ ***getönte Tagescreme***, die zum Hautton passt – im Farbton hell, mittel oder dunkel –, lässt den Teint lebendiger aussehen.

Ebenfalls ideal sind ■ ***transparente Grundierungen*** oder Produkte mit mittlerer Deckkraft (s. S. 20). Informationen darüber gibt es auf den Produkten oder in Parfümerien. Die Nuance muss zum Hautton passen: zum Aussuchen mehrere Farben nebeneinander auf die Kinnlinie auftragen. Der richtige Ton ist auf der Haut kaum noch zu erkennen.

Neutrals für jeden Teint

Für Augen und Lippen wirken warme Nuancen auf der Basis von Braun, Gelb oder zartem Rot am natürlichsten. ■ ***Lidschatten*** macht die Augen plastischer. Zu heller Haut passen Elfenbein, Beige, helles Rosa, zu dunklem Teint Mittel- bis Dunkelbraun, bräunliche Violett- und Grautöne. Dazu ■ ***Gloss*** oder Lippenstift, der die Farbe des Lippenrots verstärkt: Rosanuancen für helle, Rotbrauntöne für dunklere Hauttypen. Zu sommersprossigem Teint sehen auch Pfirsich und Koralle natürlich aus. ■ ***Rouge*** möglichst in der Farbe des natürlichen Wangenrots wählen – vor dem Aussuchen in die Wangen kneifen!

ABEND-MAKE-UP
Ein bisschen Glanz macht Naturfarben ausgehfein: Teint grundieren, abpudern. Augenbrauen in Form bürsten. Mit den Fingerspitzen auf die Augenlider Glanzlidschatten in Beige auftupfen, Lidmitte mit rosa Glanzlidschatten akzentuieren. Wimpern zweimal schwarz tuschen. Den äußeren Rand der Oberlippe mit weißem Konturenstift nachziehen, Linie verwischen. Mund mit rosa Perlmuttlippenstift ausmalen.

Naturlook Step by Step

Und so geht's: Am Anfang steht immer die Feuchtigkeitscreme. 1 Schöne Haut kann ganz ungeschminkt bleiben. Unregelmäßigkeiten

gleicht ansonsten eine getönte Tagescreme oder eine Grundierung aus: einen Klecks auf den Handrücken geben, tupfenweise mit schnellen, federnden Bewegungen in die Haut einklopfen, dann mit einem Schwämmchen in die Haut eindrücken – es dürfen keine Übergänge zu sehen sein. Oder das Make-up mit einem feuchten Schwämmchen in die Haut drücken – nicht wischen!

Lidschatten mit Applikator oder Lidschattenpinsel bis zur Lidfalte auftragen, Konturen weich ausblenden. Tipp: Feucht aufgetragener Puderlidschatten ist besonders haltbar!

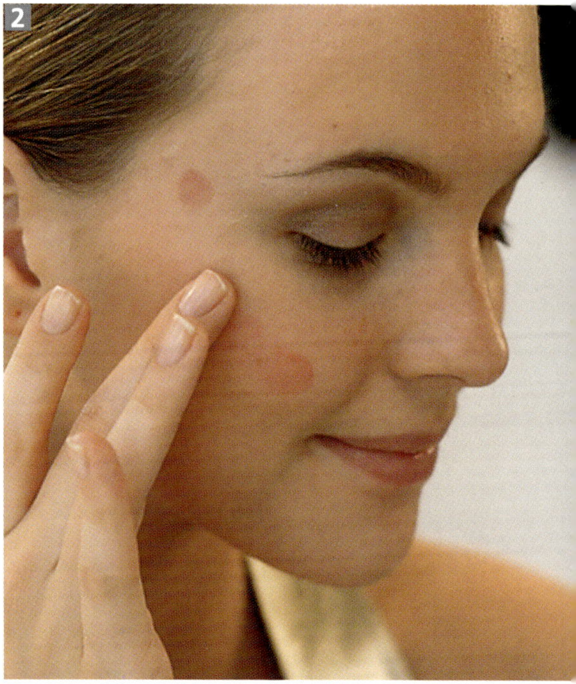

3

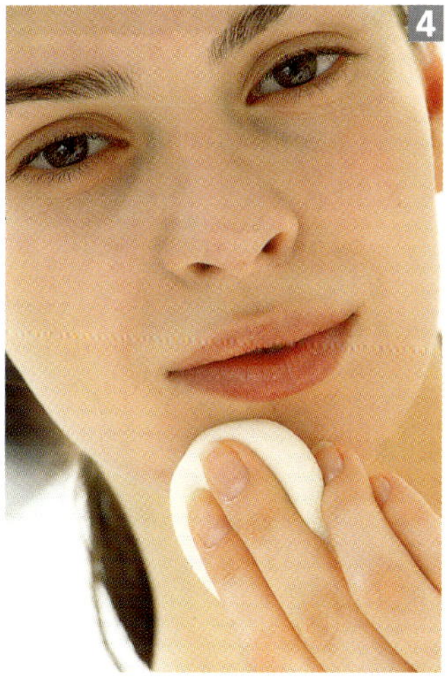
4

2 Transparentes Gelrouge mit den Fingerspitzen von den Schläfen zum höchsten Punkt der Wangenknochen auf die Haut tupfen und gut verreiben.

Den Mund mit Lippenfarbe und Lippenpinsel konturieren und ausmalen. Noch softer wirkt das Make-up, wenn die Farbe aufgetupft wird – direkt vom Stift oder mit den Fingerspitzen. 3 Bei rosigen Lippen genügt farbloser Gloss oder Lippenpflege. 4 Möglichst wenig Transparentpuder mit einer Quaste oder einem Baumwollpad vorsichtig eindrücken; eventuell nur die fettigeren Partien an Stirn, Nase, Kinn abpudern. Bei olivfarbener oder gebräunter Haut getönten Puder verwenden.

Damit die Augen größer wirken: Härchen, die den Schwung der Brauen unklar machen, regelmäßig auszupfen. Brauen in Form bürsten, 5 Lücken mit farblich passendem Stift sorgfältig nachstricheln, anschließend noch einmal bürsten. Wimpern schwarz oder – bei heller Haut und hellen Augen – braun oder grau tuschen.

5

Eyecatcher in Buntstiftfarben

Himmelblau, Pink, Grün, Knallrot, Zitronengelb oder lieber Orange? Diese Farben machen Lust auf Make-up. Erlaubt ist, was gefällt

Nach den knalligen Tönen für die Nägel kommen jetzt auch fürs Gesicht starke Farben ins Spiel.

Malkastenlook für die Augen

Schrille Töne kommen am besten zur Geltung, wenn man sie punktuell einsetzt und mit natürlichen Farben kombiniert. Akzentuieren Sie z. B. das Oberlid mit ■ ***einem dicken Tupfer*** gelben oder grünen Lidschattens, einem ■ ***feinen*** roten Lidstrich oder ■ ***gelb getuschten*** Wimpern. Dafür die Wimpern erst schwarz und dann die Spitzen gelb tuschen. Dabei bringen Komplementärfarben die ■ ***Farbe der Iris*** besonders gut zur Geltung: Gelb passt zu blauen, Rot zu grünen und Blau zu braunen Augen. Softer wirken Pastelltöne: kühle Nuancen wie Pink, Himmelblau und Eisgrün zu ■ ***rosigen Hauttönen,*** warme wie Apricot, Koralle, Gelb oder Hellgrün zu ■ ***gelblichem Teint.***

Starke Farben für den Mund

Auf den Lippen vermischt sich die Farbe des Lippenstiftes mit dem natürlichen Lippenrot. Deshalb vor dem Kauf ■ ***die Farbe*** auf dem Mund ausprobieren, nicht auf dem Handrücken. Für ■ ***starke Farbeffekte*** die Lippen erst grundieren, dann den Mund mit Farbe und einem Lippenpinsel exakt schminken (s. S. 22). Etwas softer wirkt ■ ***knallbunter Lippenstift***, wenn er nur in der Mitte aufgetupft oder mit einem Lippenpinsel zart über natürlichen Tönen aufgepinselt wird. Das klappt besonders gut mit transparentem, farbigem Lipgloss!

BLAUE AUGEN Teint und Lider hell grundieren, abpudern. Dann jeweils mit einem feuchten Pinsel blauen Lidschatten über Lidfalte und Augenwinkel hinaus so auftragen, dass ein langes Dreieck entsteht; auf die Lidmitte und in die inneren Augenwinkel silberweißen Highlighter geben, am unteren Lid eine Linie aus Lidschatten und Highlighter ziehen. Wimpern schwarz tuschen.

ROSA LIPPEN Den Mund mit rosa Lippenstift und einem Lippenpinsel sorgfältig ausmalen.

Schöner Schein mit Glanz & Glimmer

Sternstunde fürs Make-up: Perlmutt, Pailletten, Gold, Silber oder Bronze setzen glänzende Akzente auf Teint, Lippen und Augen

Das Geheimnis des Glimmerlooks ist das Licht, das von den winzigen Partikelchen zurückgeworfen wird. Ob dabei zarter Schimmer, irisierende Farbspiele oder glamouröser Glanz entstehen, liegt in erster Linie am Produkt – aber auch an der eingesetzten Schminktechnik.

Shiny-Look für den Teint

Mit transparenten ■ ***schimmernden Grundierungen*** wirkt der Teint glatter, wie in Licht getaucht und dabei fast ungeschminkt. Man verwendet sie pur oder mit ■ ***Perlmuttpuder***, der den Glanzeffekt verstärkt. Wer weniger Glanz möchte, trägt den Puder über einer matten Grundierung auf. Diese Lösung ist auch für problematische Haut geeignet, die eine stark deckende Grundierung braucht: Teint matt grundieren und pudern, mit Perlmuttpuder Akzente auf Wangen, Kinn, Stirn setzen. Vorsicht bei großen Poren: zu viel Glanz lässt sie noch größer wirken! ■ ***Terrakottapuder*** mit Metallicschimmer sieht auf gebräunter Haut am schönsten aus. Mit einem dicken Pinsel über das Gesicht verteilen oder einen Hauch Puder auf Kinn, Stirn und Wangen geben. ■ ***Glanzcremes und -gele*** gibt es transparent oder farbig. Sie sind genau wie ■ ***Gold-, Silber- und Bronzepuder*** ideal für gezielt gesetzte Highlights – auch auf Augen, Brauen oder Lippen. Cremes mit den Fingern oder einem Pinsel auftupfen, Puder mit Puderpinsel oder Schwämmchen auftragen. Über einer schimmernden Grundierung wirkt das sehr glamourös; dezenter ist ein Mix aus glänzenden und matten Effekten.

SCHÖN WIE MARILYN

Teint hell grundieren und abpudern. Augenbrauen dunkelbraun nachstricheln, in Form bürsten. Oberlid bis fast zu den Brauen mit beigefarbenem Lidschatten abschattieren. In der Lidfalte mit rosa Lidschatten und Applikator eine Linie ziehen und absoften, die vom inneren Augenwinkel nach außen schmaler wird. Wimpern schwarz tuschen. Etwas unterhalb der Wangenknochen konturenlos rosa Rouge auftragen. Lippen mit rotem Lipliner exakt konturieren, mit passendem Lippenstift und Lipliner ausmalen, mit einem anderen Pinsel reichlich farbloses Gloss darüber geben.

Blickpunkt Mund

Zum hellen Porzellanteint sehen bei blonden Frauen klare Rottöne und Pink, bei Dunkelhaarigen dunkle Rot-, Violett- und Braun-Nuancen gut aus. Starke Farben machen den Mund zum Mittelpunkt und wirken nur dann wirklich schön, wenn die Lippen perfekt geschminkt sind. Auf glatter Haut haftet der Lippenstift am besten; raue Lippen glättet ein Peeling. Danach eine Pflegecreme speziell für die Lippen auftragen, gut einziehen lassen. Reste mit einem Kosmetiktuch entfernen und den Mund kurz überpudern – die Lippen müssen fettfrei sein. Mit einem farblich passenden Lipliner die Konturen nachziehen: Zwei Punkte auf die Oberlippe, einen auf die Unterlippe setzen, miteinander verbinden, Linie mit einem Wattestäbchen nach innen verwischen. Dann die Lippen mit einem Pinsel und Lippenfarbe voll ausmalen – die Kontur darf nicht mehr zu sehen sein –, Lippen auf einem Kosmetiktuch abdrücken, kurz abpudern und noch mal Farbe aufpinseln.

PRETTY IN PINK
Lippenfarbe mit einem Pinsel auftragen, dann erst den Mund mit farblich passendem Konturenstift umranden.

Das macht schöne Augen

Bei stark geschminkten Lippen kann das Augen-Make-up dezenter ausfallen:

- ***Zu rotem oder dunklem*** Lippenstift passen zart aufgetragene dunkle Farben: Beispielsweise ein feiner schwarzer Lidstrich auf dem Oberlid oder dunkelgrauer Kajal, der nur in den äußeren Augenwinkeln aufgetragen und dann abgesoftet wird. Dazu die Wimpern zweimal schwarz tuschen.
- ***Zu pinkfarbenen Lippen*** sehen hell geschminkte Augen schön aus – z. B. mit perlmutt-, beigefarbenem oder zartrosa Lidschatten. Dazu etwas schwarze oder graue Mascara nur auf die obere Wimpernreihe geben.

TOP-TIPPS FÜR DEN TEINT

- *Praktisch:* Make-up-Stifte zum Grundieren und Abdecken. Strichweise oder mit einem Pinsel auftragen – nach Bedarf dicker oder dünner. Mit den Fingerspitzen erst verreiben, dann einklopfen.
- *Grünes Make-up* kaschiert erweiterte Äderchen oder rote Flecken. Hauchdünn auftragen, mit den Fingerspitzen einklopfen, grundieren und abpudern.
- *Rosa macht frisch:* Weiche Stifte in zarten Rosétönen sind ideal für ein Blitz-Make-up und sehen auch auf nackter Haut gut aus. Auf Lippen, Wangen und Lider auftragen, Konturen gut verwischen.

TRENDY DETAILS –

Schöner Schwung
Künstliche Wimpern machen mehr aus jedem Augen-Make-up:
■ Wenn die Mogelei nicht auffallen soll, einzelne Wimpern nach Gebrauchsanweisung zwischen die eigenen kleben. Ist allerdings nicht ganz einfach!
■ Wimpernreihen wirken glamouröser: Dicht über die eigenen Wimpern kleben, falsche und echte Wimpern zusammen tuschen.
■ Mit dauerhaftem Kleber halten die Wimpern bis zu vier Wochen; Spezialentferner sorgt für problemloses Ablösen.

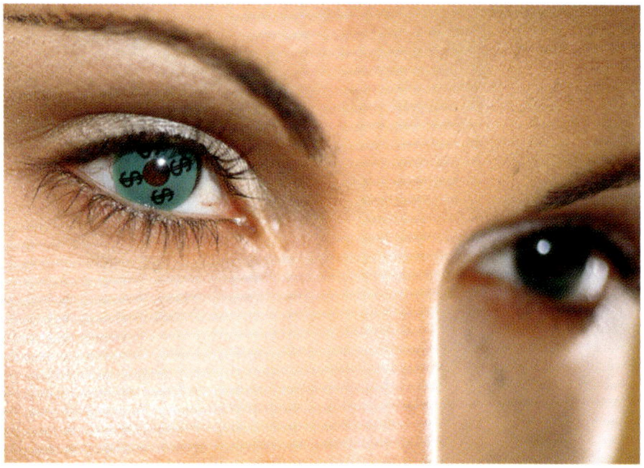

Make-up für die Linse
Bunte Kontaktlinsen können die Augenfarbe verändern – es gibt sie mit und ohne Sehkorrektur.
■ Für Farbeffekte wird die Linse nur im Bereich der Iris eingefärbt. Bunte Kontaktlinsen schaden den Augen nicht und können täglich verwendet werden.
■ Entscheidend für die Wirkung sind Farbton und Intensität. Hellblau macht blaue Augen blauer, Dunkelblau oder Grau verändert jede Augenfarbe.
■ Weiche Linsen gibt es in vielen Farben fertig zu kaufen, harte färbt der Augenoptiker nach Wunsch ein. Angenehmer Nebeneffekt: Die Linsen sind leichter zu finden!
■ Für Linsen mit auffälligem Design wie Dollarzeichen oder Katzenaugen müssen deckende Farbpigmente verwendet werden, die den Lichteinfall verändern und das Auge anstrengen können. Sie sind als Gag gedacht und für ständigen Gebrauch nicht geeignet.

FOR YOUR EYES ONLY

Kleine Augen ganz groß

Mit diesem Make-up wirken kleine Augen größer:

■ Hellen Glanzlidschatten aufs Oberlid auftragen.

■ Dicht am unteren Wimpernrand mit Glanzlidschatten eine feine Linie ziehen, im inneren Unterlid weißen Kajal auftragen.

■ Am oberen Wimpernrand mit dunkelbraunem oder blauem Kajal oder Puderlidschatten eine breite Linie ziehen, die Kontur weich verwischen.

■ Wimpern am oberen Augenlid schwarz tuschen.

Doppelt hält besser

Eine zweifache Linie wirkt ausgewogener und viel softer als pures Schwarz (siehe Bild links).

■ Auf dem Oberlid mit angefeuchtetem Pinsel und Lidschattenpuder über den Augenwinkel hinaus einen breiten, farbigen Lidstrich ziehen, der nach außen hin schmaler wird.

■ Auf den ersten Lidstrich einen zweiten, schwarzen am Wimpernrand ziehen.

■ Wimpern tuschen.

SCHMINKDETAILS –

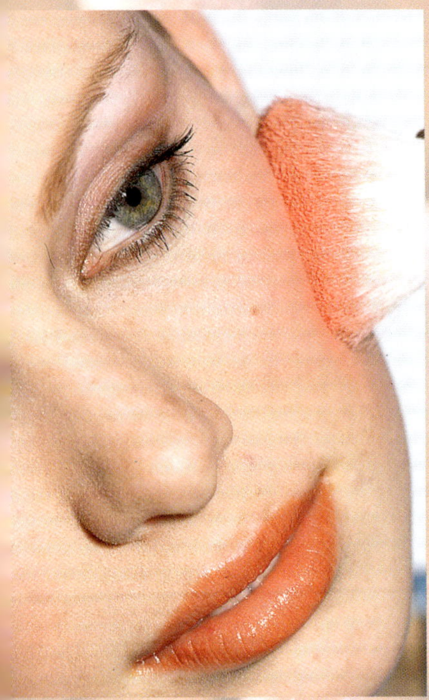

Frische-Tricks
Rouge macht das Gesicht lebendiger und wirkt dabei ganz natürlich – vorausgesetzt, der Farbton stimmt:
■ Zarte Pfirsichtöne passen sich fast jedem Hautton an.
■ Schön zu blasser Haut mit rosigem Unterton: Rosenholz, helle Brauntöne.
■ Zu eher gelblichem Teint sehen Apricot- und helle Brauntöne gut aus.
■ Für Apfelwangen, die bewusst geschminkt aussehen sollen: Reichlich Puder- oder Cremerouge in Pink oder zartem Rot kreisförmig auf den höchsten Punkt der Wangen geben, Konturen gut ausblenden.

Gold-Effekte
Wenn es mal ein wenig ausgefallener sein darf:
■ Teint grundieren und pudern, darüber Gold- oder Silberpuder als Highlight auf die Wangen geben.

Rouge nach Maß
Puder, Creme oder Gel? Auf den gewünschten Effekt kommt's an:
■ Mattes oder seidiges Puderrouge lässt sich leicht verteilen und gut dosieren. Haut grundieren, abpudern, Rouge mit einem breiten Pinsel auftragen. Dort ansetzen, wo sich die Wangen beim Lachen am stärksten vorwölben.
■ Gel- und Cremerouge eignen sich gut für ein Minimal-Make-up mit getönter Tagescreme. Vorsicht – auf gepuderter Haut wird Cremerouge fleckig.
■ Puder-Cremerouge ist relativ neu: Es vereint den sanften Schimmer einer Creme mit der Haltbarkeit von Puder und lässt sich mit Fingern, Schwämmchen oder Pinsel auftragen.

Lips & Rouge

Lippenstift selbstgemixt

So machen es die Visagisten:

- Mit einem Lippenpinsel auf dem Handrücken zwei bis drei Nuancen vermischen, auftragen.
- So kann man auch Lippenstiftreste, die sich nicht mehr herausdrehen lassen, aufbrauchen – oder eine etwas langweilig gewordene Farbe auffrischen!

Highlights für die Lippen

Gloss gibt Glanz und lässt die Lippen voller wirken.

- Trendy: farbiger Gloss pur. Leider haftet er nicht gut, deshalb öfter nachschminken.
- Haltbarer: Mund mit Lipliner und Lippenstift schminken, reichlich Gloss darüber geben.
- Farbgloss selbermachen: Erbsengroßes Stück Lippenstift in ein Fläschchen mit farblosem Gloss geben. Beim Auftragen vermischen sich Farbe und Gloss.

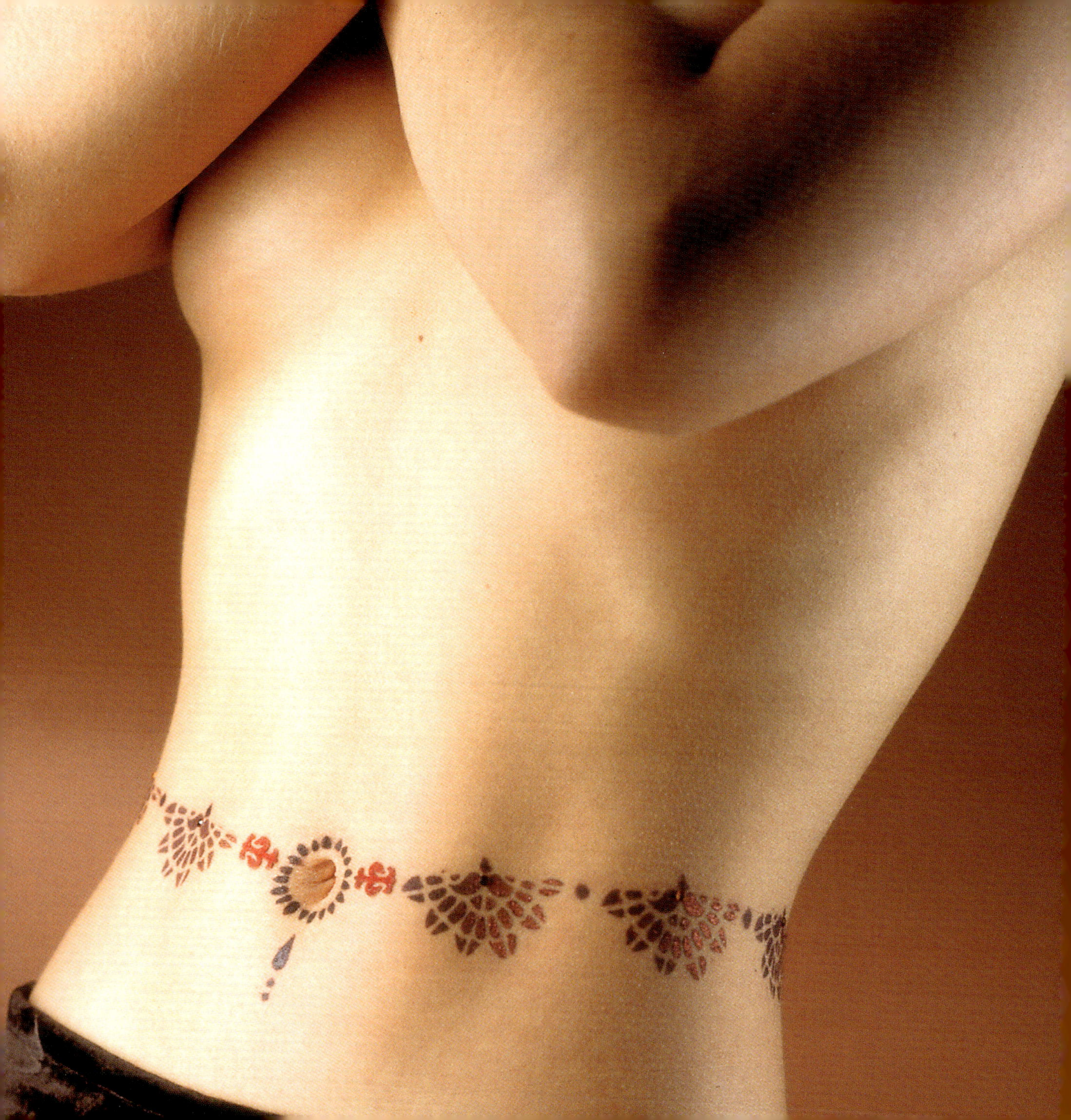

KÖRPER-SCHMUCK

MEHNDIS AUF MEINER HAUT
SCHÖN BUNT: TATTOOS
GLÄNZENDER GEHT'S NICHT

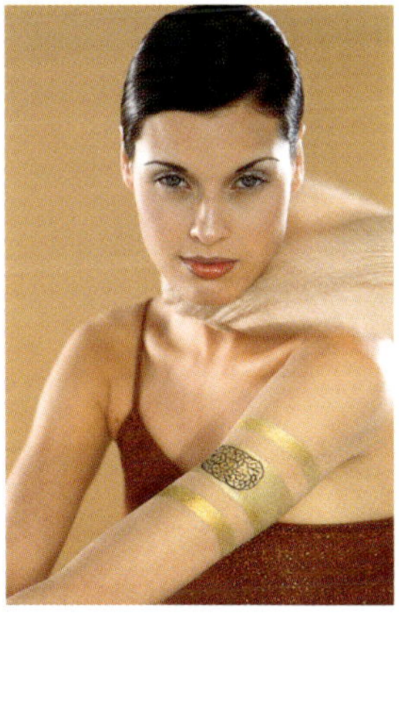

Mehndis – Hennamalerei

Geheimnisvoll und verführerisch: orientalische Tattoos, die mit Hennafarbe oder Bodypainting-Stiften direkt auf die Haut gemalt werden

Seit Jahrtausenden bemalen Frauen im Orient, Indien und Nordafrika zu festlichen Anlässen ihre Haut mit Henna. Der rötliche Farbstoff aus den pulverisierten Blättern des Hennastrauches, der hauptsächlich in Indien, Afrika und Pakistan zu finden ist, verschwindet nach einigen Tagen von selbst.

Mehndi-Kunst

„Mehndi“ ist Hindi und heißt gleichzeitig Henna und Hennamalerei. Die ursprüngliche religiöse, mystische und soziale Bedeutung der Motive spielt heute nur noch bei Hochzeitszeremonien eine Rolle, für die die Braut in oft tagelanger Arbeit mit kunstvollen Malereien geschmückt wird. Traditionell trägt man dafür eine Paste aus Hennapulver und Flüssigkeit (s. S. 34) mit dünnen Stäben aus Holz oder Metall auf. Geübte Malerinnen zeichnen die Muster aus freier Hand – einfacher ist das Arbeiten mit Schablonen oder „Hilfslinien“. Bei der ■ ***Schablonentechnik*** fixiert man eine Schablone mit Tesafilm und füllt die freien Stellen mit Hennapaste aus. Ist die Paste etwas angetrocknet, wird die Schablone entfernt und zur Wiederverwendung mit Wasser gereinigt – es gibt auch selbstklebende Wegwerf-Schablonen, die in Indien oft aus Pflastern geschnitten werden. Bei der ■ ***Transfertechnik*** überträgt man das Motiv von präpariertem Papier auf die Haut (s. S. 32) und zeichnet die Linien mit Henna nach. Zum Abpausen anderer Vorlagen kann man das Motiv mit wasserlöslichem Filzstift auf Butterbrotpapier übertragen, die Haut mit Deo-Stick bestreichen, das Papier mit der bemalten Seite auflegen, andrücken und abziehen – der Stick löst die Pigmente und macht die Linien auf der Haut sichtbar.

MEHNDI-BORDÜREN wirken besonders schön an Oberarmen, Handgelenken, Knöcheln oder als künstliche Kette um den Hals. Wer sie aus einzelnen Mustern zusammensetzen möchte, markiert zur Orientierung vor dem Malen etwas oberhalb der Linie, auf der das Motiv verlaufen soll, mit Tattoo- oder Kajalstift eine feine Punktekette. Sie lässt sich nach dem Malen leicht mit einem ölgetränkten Wattestäbchen entfernen. Das Tattoo hält etwa fünf bis 14 Tage!

Stift, Paste oder Tube?

■ ***Am leichtesten*** klappt die Malerei mit Tattoo- oder Bodypaintingstiften. Sie enthalten kein Henna, sondern Pigmente und bleiben höchstens zwei Tage auf der Haut.

■ ***Noch viel einfacher:*** Abzieh-Tattoos mit Mehndimotiven (s. S. 41) oder eng anliegender Schmuck, der wie Hennamalerei wirkt.

■ ***Hennapaste selbst anrühren*** lohnt sich, wenn man größere Flächen bemalen möchte. Dafür 500 ml Wasser aufkochen, je zwei gehäufte Teelöffel Kaffeepulver und schwarzen Tee dazugeben, eine ganze Stunde sieden lassen und durch einen Filter geben.

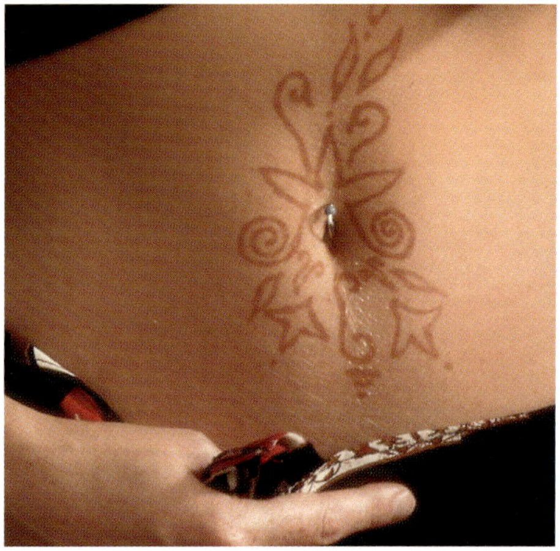

Inzwischen 30 – 40 g reines, grünes Hennapulver (kein Hennapulver für die Haare verwenden!) in einem feinen Sieb zweimal durchsieben. Soviel heiße Flüssigkeit nach und nach zum Pulver geben, bis die Paste eine zuckergussähnliche Konsistenz hat. Sie sollte lieber zu dick als zu dünn sein; Verdünnen ist später noch möglich. Sind Klümpchen entstanden, die Paste noch einmal durchsieben. Ein bis zwei Teelöffel Limettensaft machen den Farbton intensiver. Vor dem Verarbeiten die Paste drei Stunden kühlen, mit Mikado-Stäbchen, Pinseln, Zahnstochern oder einer Spritztüte auftragen.

Diese kann man leicht selbst herstellen: Ein 20 mal 16 cm großes Stück ■ ***feste Plastikfolie*** (Müllbeutel, Gefrierbeutel) von einer Ecke her aufrollen, sodass eine kleine Tüte entsteht. Diese an allen Nahtstellen und der Spitze gut verkleben (beispielsweise mit Paketband oder Leukoplast). Paste mit einem Teelöffel so einfüllen, dass die Tüte bis zu zwei Dritteln gefüllt ist. Obere Ecke mehrmals falten, mit Klebeband an der Tüte befestigen. In die untere Spitze als Öffnung mit einer Nadel ein kleines Loch stechen.

■ ***Hennapaste*** aus der Tube ist in der Handhabung wesentlich unkomplizierter. Beim Kauf darauf achten, dass sie auch wirklich Henna (Inhaltsstoffe: Henna und Zitronensäure) und keine hennaähnliche Substanz enthält.

Bindis

Die Bindi-Story
Im Hinduismus und Buddhismus symbolisiert ein roter Punkt zwischen den Augen das „dritte Auge der Weisheit".

■ Ein rotes Bindi soll, am Tag der Hochzeit angelegt, dem Brautpaar Glück bringen. Viele Frauen tragen es danach als Zeichen ihrer Vermählung.

■ Im Laufe der Jahre wurde aus dem Punkt ein modisches Accessoire, hergestellt aus einer glitzernd verzierten Filzplatte.

■ Bindis gibt es in ovalen, runden, eckigen, dreieckigen oder Paisley-Formen in vielen Farben.

■ Die meisten Bindis sind selbstklebend: nicht mit fettigen Fingern anfassen, nach dem Verwenden wieder auf die Schutzfolie legen, nach dem Abnutzen der Klebeschicht Bindi mit Spezialkleber (Mastix) aufkleben.

Blickfang Gesicht
Ein Bindi auf der Stirn kann den Ausdruck eines Gesichts sehr verändern:

■ Runde Bindis lassen das Gesicht runder, ovale ovaler wirken, lange Bindis machen es optisch schmäler und länger.

■ So kann ein ovales oder langes Bindi ein rundes Gesicht schmaler wirken lassen und umgekehrt. Zum Ausprobieren die Formen mit einem Augenbrauenstift aufzeichnen!

Bindis all over
Natürlich kann man Bindis überall tragen: auf den Wangen, neben den Augenbrauen, an Bauchnabel, Füßen, Händen.

■ Es muss nicht immer ein großes oder reich verziertes Bindi sein – auch ein kleiner Stern aus Spiegelfolie hat eine schöne Wirkung.

■ Natürlich kann man auch zwei oder mehr Bindis tragen oder die Steine mit Mehndis (s. S. 30 – 35) kombinieren.

BODYPAINTING –

Gold auf meiner Haut
Traumhaften Schimmer zaubert Körperpuder mit metallischen Pigmenten:

- mit großer Quaste oder dickem Pinsel auf Hals, Schultern, Dekolleté geben.
- Körpercremes und -gele mit Glanzpigmenten oder Pailletten lassen sich leichter auftragen, haften aber nicht so gut.

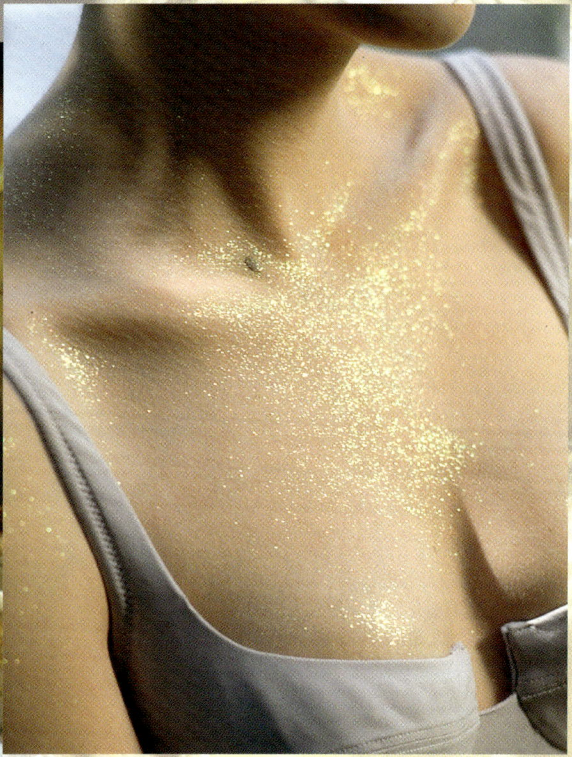

Glanz-Spiele
Hiervon ein bisschen, davon etwas mehr – so machen es die Visagisten:

- Spezialpuder (s. S. 110) mit vielen metallischen Pigmenten gibt intensiven Glanz – erst zum Schluss des Stylings auftragen, sonst glitzert´s überall!
- Den Puder kann man mit Creme, Gel oder Foundation mischen. So wird der Effekt dezenter und kann auf Gesicht, Dekolleté und Schultern einfach aufgecremt werden.

Goldene Bräune
Gold und Bronze wirken besonders gut auf gebräunter Haut. Wer zu blass ist,

- tönt die Haut mit Selbstbräuner (s. S. 83)
- oder verwendet abwaschbare Bronzing-Fluids, die der Haut einen schönen Braunton verleihen (s. S. 110).
- Tipp: Die Bronzing-Fluids können auch mit Goldpigmenten vermischt werden!

Gold-Malerei
Für größere Flächen braucht man Körperschminke mit Goldglanz (siehe S. 110).

- Wasserlösliche Schminke deckt besser als Fettschminke und muss nicht mit Puder fixiert werden.
- Linien mit einem dicken Pinsel oder den Fingern rund um den Arm aufmalen – oder von einer Freundin aufmalen lassen.
- Auch schön: goldene Striche um die Taille oder am Dekolleté.

LAUTER GLÄNZENDE IDEEN

Glanz-Mehndis
Mehndis kann man auch mit goldenem Kajal oder Eyeliner malen:
- Das Motiv entweder aus freier Hand zeichnen oder eine Schablone verwenden; Linien von Transfermotiven schimmern durch.
- Haarspray oder Flüssigpflaster verlängert die Haltbarkeit.
- Schön dazu: ein Bindi!

Gloss-Effekte
Lipgloss enthält viele Öle, die auftreffendes Licht gut reflektieren. Besonders trendy: Lipgloss-Glanz fürs Augen-Make-up!
- Dafür farblosen Gloss mit einem Applikator oder feinen Pinsel vorsichtig auftragen – nicht zu dicht ans Auge, sonst gibt es Tränen.
- Frauen mit empfindlichen Augen und/oder Kontaktlinsen setzen die Glosseffekte nur als Highlights unter die Brauen.

Empfindliche Augen?
Direkt am Auge Produkte mit Glanzpartikeln nur verwenden, wenn sie für diese Partie gedacht sind wie z. B. goldener Lidschatten.

Glitzer-Make-up
Viel Glanz für einen aufregenden Abendlook:
- Teint ungeschminkt lassen oder eine transparente, schimmernde Grundierung auftragen.
- Augen und Augenbrauen mit schimmerndem Gold-Gel betonen, etwas Gel auf die Wangen und den Scheitel geben. Wimpern schwarz tuschen.
- Lippen ohne Konturenstift in einem transparenten Rotton schminken und Glitzergel darüber tupfen.
- Den Glitzerlook immer wieder kontrollieren und eventuell nachschminken.

HAARE

VERLOCKENDE LOCKEN
SIGNALFARBE ROT
MAKE-UP FÜRS HAAR

Echt unechte Lieblingslocken

Engelslocken, Kreppeffekte, Naturlook oder Volumenwellen: Mit den neuen, kreativen Wickeltechniken ist (fast) alles möglich

Ob ein Haar glatt oder lockig aus dem Kopf wächst, ist in erster Linie eine Frage der Gene. Sie entscheiden darüber, wie die Molekülketten aus Wasserstoff, Salz und Schwefel im Inneren der Haare miteinander verbunden sind. Die Salz- und Wasserstoffverbindungen lassen sich durch Wärmeenergie lösen und neu formen, die „Wasserwelle" hält aber nur bis zur nächsten Wäsche. Für dauerhafte Locken müssen die haltbaren Schwefelverbindungen gelöst und in eine neue Form gebracht werden. Das schafft nur eine Dauerwelle.

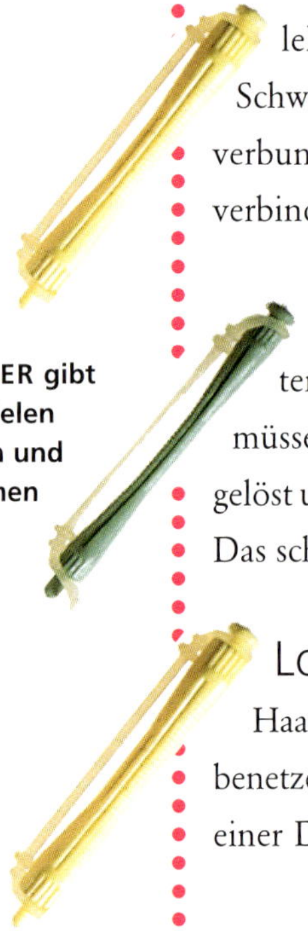

WICKLER gibt es in vielen Größen und in Formen

Locken oder Volumen?

Haare auf Wickler drehen, mit Well-Lotion benetzen, ausspülen und fixieren: Das Prinzip einer Dauer- oder Formwelle ist (fast) immer gleich, aber das Ergebnis von vielen Faktoren abhängig: ■ ***Konzentration*** und pH-Wert der Wellflüssigkeit (von pH 9 für viel Spannkraft bis pH 7 für besonders schonende Umformung) müssen auf die ■ ***Haarqualität*** und den Zustand der Haare (normal, strapaziert, gefärbt usw.) abgestimmt sein. Auch die ■ ***Einwirkzeit*** beeinflusst das Ergebnis: Sie bestimmt, ob Locken oder nur Volumen (s. S. 52) entstehen und wie lange die Umformung hält. Engelslocken oder weiche Wellen – entscheidend für die neue Form der Haare sind ■ ***Wickler*** und Wickeltechnik. Generell gilt: Je dünner der Wickler, desto kleiner die Locke. Dabei spielt aber auch die Haarqualität eine Rolle: So hat z. B. feines Haar wenig Substanz und wird mit großen Wicklern nicht wellig, sondern flusig. Deshalb verwendet man bei feinem Haar auch für großzügige Wellen kleine Wickler.

FÜR LOCKEN VOLLER SPRUNGKRAFT gibt es Spezialprodukte zum Stylen und Pflegen für zu Hause. Sie glätten die geschädigte Haarstruktur und erhalten die Sprungkraft.

Krepp oder Korkenzieher?

Für ■ ***Korkenzieherlocken*** wird das Haar auf kleine Wickler gedreht, die der Friseur seitlich senkrecht anordnet. Wickelt man das Haar dabei auf Wickler in verschiedenen Größen, wirkt der Look natürlicher. Leider müssen Korkenzieherlocken nach dem Waschen immer wieder neu gestylt werden – am besten klappt das mit einem Lockenstab (s. re). Stabförmige ■ ***Spiralwickler*** formen zwar dauerhaftere Korkenzieher – weil das Haar für diesen Look aber luftgetrocknet werden muss, sind sie genau wie ■ ***Zickzacklocken*** nur für die Anwendung an einzelnen Strähnchen geeignet. Auch Wellen mit speziellen ■ ***Kreppwicklern*** sehen am schönsten aus, wenn nur einzelne Partien dauergewellt werden. Für ■ ***Glamourlocken*** wie z. B. starke Innen- oder Außenrollen wird das Haar nur in den unteren Partien gewellt – oder der Friseur wickelt das Haar komplett auf, behandelt es mit Wellflüssigkeit, entfernt die Wickler vor dem Fixieren und formt das Haar nach Wunsch partienweise.

Fast so schön wie Natur pur

Für weich fallende Locken und Wellen, die besonders natürlich wirken sollen, dreht man das Haar auf ■ ***Papilloten*** oder Spezialwickler, bei denen das Haar ■ ***im Wickler*** geformt wird. Nimmt man beim Wickeln auf ■ ***die Wuchsrichtung*** und den Fall der Haare Rücksicht, sieht das Ergebnis auch bei Locken

KREPPWELLEN rundherum mit speziellem Eisen stylen – oder mit Spezialwicklern partienweise für 6–8 Wochen dauerhaft formen.

DAUERWELLEN-SYTLING
Nach dem Waschen das Haar vorsichtig auskämmen. Dann die Locken entweder mit den Fingern einzeln nachformen und lufttrocknen lassen.
Oder das Haar mit dem Föhn vortrocknen, strähnchenweise mit Föhnlotion oder Haarspray ansprühen und im Lockenstab (nicht zu heiß!) nach Wunsch kringelig stylen. Stab vorsichtig herausziehen, Locken möglichst nicht mehr kämmen, sondern nur noch mit den Fingerspitzen zurechtzupfen und mit Haarspray fixieren.

mit stärkerer Spannkraft sehr natürlich aus. Außerdem fällt der nachwachsende Ansatz nicht so auf, weil sich das neue, glatte Haar in Richtung der Locken dreht (Dauerwelltechniken s. S. 110). Volumen am Oberkopf bekommt das Haar durch diese Wickeltechniken aber nur, wenn es dabei senkrecht zur Kopfhaut aufgedreht wird.

WEICHE WELLEN
Mit den neuen Wickel- und Umformungstechniken können gute Friseure Locken legen, die auf die Haarqualität abgestimmt sind und zum Typ passen.

Das gibt mehr Volumen

Große Wickler und spezielle Wellflüssigkeiten, die künstliches Keratin ins Haar einlagern und es kräftiger machen, sind das Geheimnis von Volumenwellen. Dabei kann nach Wunsch das ganze Haar behandelt werden, sodass weiche Wellen und Volumen entstehen – oder nur der Ansatz für mehr Volumen.

Die Alternative, Wellcreme direkt aufs Haar zu geben und es mit Clipsen, Papilloten, Einzelwicklern neu zu formen, eignet sich besonders gut zum „Aufpushen“ von Problemzonen wie einem flachen Hinterkopf oder Haarspitzen ohne Schwung. Alle Volumen- oder Ansatzwellen halten etwa sechs bis acht Wochen.

Dauerwelle selber machen?

Eine Do-it-yourself-Welle ist nicht ohne: Bei der Wahl von Wellflüssigkeit und Wicklern müssen alle Faktoren, die das Ergebnis beeinflussen (s. S. 58) ohne fachliche Beratung beachtet und beim Anwenden die Gebrauchsanweisung genau befolgt werden. Und auch die Wickeltechnik hat ihre Tücken: Damit keine Krause, sondern wirklich Locken entstehen, müssen die Spitzen mit Papier geschützt und das Haar gleichmäßig nach innen aufgedreht werden. Am besten nimmt man angeraute Wickler mit weichem, gelochtem Halteband, die das Haar beim Wickeln nicht einklemmen. Eine selbstgemachte Dauerwelle ist wirklich nur etwas für Geschickte, die zusätzlich eine kompetente Hilfe zum Wickeln der Haare am Hinterkopf haben. Alle anderen sind nicht nur bei Problemfällen wie sehr feinem, geschädigtem oder gefärbtem Haar beim Profi besser aufgehoben. Der kann auch gleich die richtigen Tipps fürs Styling geben, denn die wenigsten Dauerwellen fallen nach dem Waschen von allein in Form.

TIPPS FÜR SCHÖNE WASSERWELLEN

- *Papilloten* oder Papiertaschentücher für natürliche Locken: zum Dreieck legen, zum Band rollen. Haare strähnchenweise aufdrehen, Tuch am Ansatz festknoten.
- *Clips* für weiche Wellen: Haar partienweise in sich kordeln, am Oberkopf feststecken (siehe Foto rechts).
- *Haarklammern* für Zickzackwellen: Haare strähnchenweise zwirbeln, feststecken.
- *Für Kringellocken* braucht man Lockenstab, Klett- oder Heißwickler.
- *Alle diese Locken* werden immer ins fast trockene Haar gedreht. Vorher jede Strähne mit Föhnlotion ansprühen, mit dem Föhn anwärmen. Eingedrehtes Haar gut trocken föhnen, lange auskühlen lassen. Wickler entfernen, Haare mit den Fingern zurechtzupfen und mit Spray fixieren.

Edel, glatt und super glänzend

Grundlage für den Shiny-Look ist gesundes, glattes Haar. Aber auch mit Locken oder strapaziertem Haar ist das Glanz-Styling machbar

Das Geheimnis schöner Haare liegt in ihrer Oberfläche, einer Schicht aus feinen Schuppen. Ist sie fest geschlossen, kann sie auftreffendes Licht wunderbar reflektieren – je glatter das Haar, desto besser!

STYLING glatt und glänzend mit dem Glätteisen.

Diese Pflege bringt´s

Schon das regelmäßige Waschen und Föhnen raut die Schuppenschicht auf. Deshalb das Haar mit milden Shampoos reinigen, mit einem gesägten Kamm entwirren und nie zu heiß föhnen. Angegriffenem Haar gibt Spezialpflege neuen Glanz:

■ ***Glanzshampoos*** enthalten besonders viele Pflegestoffe wie z. B. Weizenkeimöl; Farbglanzshampoos zusätzlich Pigmente, die die Haarfarbe strahlender aussehen lassen. ■ ***Spülungen*** glätten mit Wirkstoffen, die sich an geschädigten Stellen anlagern; besonders viel Glanz geben Spülungen mit (farblosem) Henna oder Zitrusextrakten oder eine Spülung aus 1 EL Zitronensaft auf 1/2 Liter Wasser. ■ ***Kuren*** funktionieren im Prinzip wie Spülungen, ihre Wirkstoffe bleiben aber länger im Haar. Bei feinem Haar Spezialkuren benutzen, die das Haar nicht beschweren.

Styling-Tricks

Schnellen Glanz bringen richtiges Föhnen und spezielle Stylingprodukte oder künstliches Haarkeratin zum Aufsprühen. Noch mehr Glanz gibt ein Glätteisen, mit dem man auch Locken glatt bekommt: Haare strähnchenweise mit Föhnlotion ansprühen und glatt ziehen. Weil diese Technik das Haar strapaziert, das Eisen nicht zu oft einsetzen.

GLANZ-STYLING
Das Haar im fast trockenen Zustand partienweise glatt föhnen. Den Luftstrahl des Föhns dabei immer von oben der Bürste folgen lassen. Dann etwas Gel oder Wachs zwischen den Handflächen verreiben, mit flachen Händen übers Haar streichen. Oder Glanzspray (bzw. Glossspray) verwenden: Es sorgt mit feinen Silikonölen für Lichtreflexe, gibt aber keinen Halt. Aufsprühen, sofort mit flachen Händen übers Haar streichen, damit sich keine Sprießhärchen aufstellen können.

Starke Farben fürs Haar

Noch nie hatte Rot als Haarfarbe so viele Nuancen: vom schrillen Orangerot bis zu natürlichen Strähncheneffekten ist alles drin!

Von allen Farben ist Rot diejenige, die am meisten auffällt – besonders als Haarfarbe. Doch Rot ist nicht gleich Rot!

Alles für den Farbwechsel

Tönung oder Haarfarbe? Entscheidend sind der gewünschte Effekt und die Ausgangshaarfarbe: ■ ***Farbshampoos*** und -stylingprodukte enthalten Pigmente, die bis zur nächsten Wäsche einen Hauch von Farbe auf die Haare „aufziehen". ■ ***Waschtönungen*** funktionieren genauso, halten aber fünf bis acht Wäschen und sind etwas intensiver. Generell gilt: je heller das Haar, desto stärker der Effekt. Vorsicht bei blondiertem Haar: Durch die aufgeraute Struktur können die Pigmente tiefer eindringen und sich schwer herauswaschen lassen. ■ ***Haarfarben*** (Colorationen) enthalten Oxidationsmittel, die Naturpigmente abbauen, um für die neue Farbe Platz zu machen – und Pigmentvorstufen, die erst im Haarinneren Farbe entwickeln, die dauerhaft im Haar bleibt. Aus diesem Grund sind bei Colorationen auch größere Farbsprünge möglich. ■ ***Intensivtönungen*** mit Oxidationsmitteln, die bis zu zwei Monate im Haar bleiben, sind ebenfalls Haarfarben. Ihre wasserlöslichen Pigmente waschen sich heraus. Weicht die neue Farbe stark von der vorherigen ab, bleibt meist ein Ansatz sichtbar. ■ ***On-Off-Intensivtönungen*** können bei Anwendung in ungefärbtem, nicht blondiertem Haar mit einem Remover restlos entfernt werden.

TIPPS RUND UM DIE FARBPFLEGE

- *Rote Pigmente* sind nicht besonders haltbar. Spezialsprays, die man vor dem Waschen aufs Haar gibt, verhindern, dass die Haare beim Waschen aufquellen und zu viele Pigmente gelöst werden. Milde Spezialshampoos für gefärbtes Haar haben einen ähnlichen Effekt.
- *Färben* strapaziert das Haar. Damit es seinen Glanz behält, nach jeder Wäsche eine Spülung auftragen – bei fettigem Haar nur die Spitzen und Haarlängen behandeln – und mindestens alle zwei Wochen eine Haarkur machen.
- *UV-Strahlen* wirken – besonders in Verbindung mit Salz oder Chlor – wie chemische Aufheller. Stylingprodukte mit UV-Filtern, Tücher und Hüte schützen das Haar vorm Ausbleichen. Tipp: Ölfreie Sonnenschutzsprays für die Haut sind auch fürs Haar geeignet!
- *Zum Auffrischen* der Farbe zwischendurch passende Farbshampoos und -spülungen verwenden oder eine Waschtönung auftragen.

Wild – Rastazöpfe und Dreadlocks

Viele falsche Zöpfe oder lässig-verfilzte Locken: Wem die echten Haartrachten zu extrem sind, der stylt sie einfach in softer Variante nach

Stark naturkrauses Haar wächst nicht in die Länge, sondern in die Breite. Deshalb beschweren viele farbige Frauen ihr krauses Haar mit künstlichen Zöpfen; farbige Männer lassen ihre Locken einfach verfilzen. Popstars wie Bob Marley oder die Gruppe TicTacToe machten diesen Look zum Unisex-Beauty-Trend!

Zöpfchen-Styling

Für Rastazöpfe werden künstliche Haarsträhnen ins Naturhaar geknüpft und damit verflochten. Je feiner die Zöpfe, desto fülliger die Frisur – und desto teurer, denn Knüpfen und Flechten kosten Zeit und brauchen Übung, damit die Zöpfchen gleichmäßig werden. In den ersten Tagen „danach" steht die Kopfhaut unter Spannung und kann gereizt reagieren; dagegen hilft spezielle Pflege. Nach drei Monaten müssen die Zöpfchen aufgelöst und erneuert oder entfernt werden. Bei dickem Haar sieht ein ■ ***Rasta-Styling*** auch ohne Kunsthaar gut aus; feines Haar bekommt mit ■ ***Einzelzöpfchen*** zum Anstecken mehr Fülle.

Schön verfilzt: Dreadlocks

Die ursprüngliche Methode, kurzes Haar zu Zöpfchen abzubinden und diese ungekämmt wachsen zu lassen, dauert lange und klappt nur bei krausem Haar. In Afroshops wird das Haar für Dreadlocks stark toupiert und mit Bienenwachs dauerhaft fixiert – wer sie nicht mehr will, muss die Haare abschneiden. Für eine softere Variante strähnchenweise Wachs ins Haar geben, mit den Fingern toupieren, mit Föhnwärme oder Glätteisen fixieren, hochgesteckt auskühlen lassen. Zum Auflösen Haare anfeuchten, reichlich Spülung hineingeben, ausspülen und vorsichtig auskämmen.

DREADLOCK-STYLING
Dafür braucht das Haar viel Spannung: Trockenes Haar strähnchenweise mit Föhnlotion ansprühen, auf kleine Wickler drehen, mit dem Föhn erwärmen, gut auskühlen lassen – oder mit einem Lockenstab Korkenzieher formen. Locken nicht auskämmen, sondern mit Gel (extra starker Halt) über die Finger drehen und strähnig modellieren. Frisur mit Haarspray fixieren.

RAFFINIERT –

Bunter Blickfang

Grafische Malerei an Haarspitzen oder Pony:

■ Haar stylen, dann strähnchenweise glatt ziehen, Spitzen über den Fingern mit farbiger Hair-Mascara bestreichen. Einweghandschuhe schützen die Hände vor unerwünschter Farbe.

■ Haare danach möglichst nicht mehr kämmen!

■ Schön zum Mittelscheitel: farbige Strähnen, die das Gesicht einrahmen.

Schnell gesprüht

Auswaschbares Farbspray:

■ Haar nach hinten kämmen, nur den Ansatz besprühen. Grenze eventuell mit Kreppklebestreifen markieren.

■ Für Haar-Tattoos Schablone aufkleben, besprühen, Schablone entfernen. Einfache Formen wie Herzen, Blumen kann man sich aus Kreppklebeband oder großen Klebeetiketten leicht selbst schneiden.

Metallische Reflexe

Glänzendes Abendstyling für die Frisur:

■ Strähnen mit den Fingerspitzen glatt ziehen, metallische Hair-Mascara auftragen.

■ Goldreflexe passen besonders gut zu blondem, Bronze zu braunem und Silber zu schwarzem Haar.

■ Wie ein Sternenhimmel wirkt Spray oder Gel mit Glitzerpartikeln: aufsprühen oder mit den Handflächen im Haar verteilen.

FARBIGE HINGUCKER

Do-it-yourself: Bunte Strähnchen

Diese selbst gemachten Strähnchen bleiben dauerhaft im Haar:

■ Haarfarbe nach Wunsch (z. B. Rot) mit einem breiten Pinsel strähnchenweise auftragen, Strähne während der Einwirkzeit in Alufolie einpacken.

■ Tipps: Strähnchen so ins Deckhaar einfärben, dass sie bei anders gezogenem Scheitel „verschwinden"; oder Strähnchen so unters Deckhaar färben, dass sie nur beim Hochstecken sichtbar werden – so kann man sie problemlos rauswachsen lassen.

Make-up fürs Haar

Bunter Farbscheitel oder lustige Kleckse? So geht´s:

■ Exakten Scheitel ziehen, sichtbare Kopfhaut mit feucht aufgetragenem Lidschattenpuder oder Kajalstift einfärben, mit Haarspray fixieren.

■ Für bunte Farbkleckse im Haar etwas Haarwachs kreisförmig aufs Deckhaar tupfen, darauf mit einem Pinsel bunten Lidschatten geben, mit Spray fixieren.

ECHT FALSCH –

Fix gesteckt
■ Kunsthaarsträhnen einfach mit (manchmal schon angefügten) Kämmchen und Haarklammern unsichtbar im Haar befestigen. Für besseren Halt Klammer/Kamm erst 1 cm gegen die gewünschte Richtung ins Haar schieben, dann in die richtige Richtung drehen, feststecken.

Bunte Zöpfe
■ Von der Stirn zum Nacken drei Scheitel ziehen, sodass die Haare in vier gleiche Partien geteilt werden.
■ Partie für Partie zum Zopf flechten, dabei am Haaransatz jeweils mit drei dünnen Strähnen beginnen und von rechts und links dünne Strähnen straff einflechten.
■ In einen oder mehrere Zöpfe eine Kunsthaarsträhne oder ein farbiges Band einflechten.
■ Zöpfe im Nacken mit einem Gummi zusammennehmen.

Zopf oder Knoten?
Mit Spezialhaarteilen auch bei halblangem Haar kein Problem:
■ Haare zum Pferdeschwanz binden. Haarteil darüber stülpen, Schnittstelle mit einer echten Haarsträhne umwickeln.
■ Oder das Haar im Nacken zum Zopf binden, Haarteil darüber stülpen und zum Knoten feststecken.

Squaw-Styling
Origineller Haarschmuck:
■ Einzelne Federn (im Bastelbedarf) mit Haarklammern am Oberkopf oder in geflochtenen Zöpfen feststecken. Oder:
■ Eine Strähne aus dem Deckhaar abteilen, eine Perlenschnur (30–50 cm lang) etwa 5 cm mit einflechten, Ende des Zopfes mit dickem Nähgarn umwickeln und festknoten; Perlenschnüre lose hängen lassen.

Extensions & Co

Schummeln erlaubt

Wunschtraum: eine lange Mähne für einen Abend? Mit Haarteilen (Kaufhaus, Friseur) kein Problem:

- Ein langes, glattes Haarteil wie einen Schleier in Augenbrauenhöhe seitlich und am Hinterkopf unterm Deckhaar feststecken, Deckhaar darüber kämmen.
- Für lange Locken halblanges Haar auf Papilloten trocknen, langes Locken-Haarteil rund um den Kopf unterm Deckhaar feststecken.

Schön falsch: Extensions

Die Fremdhaarsträhnen verlängern oder zaubern Fülle ins Haar:

- Dafür wird das eigene Haar am Hinterkopf und an den Seiten scheitelweise in Kunsthaar eingebettet, das der natürlichen Haarstruktur und Farbe möglichst ähnlich sein sollte.
- Zum Fixieren erwärmt man die Keratinschicht, mit der die Kunsthaare umschlossen sind, mit einer Spezialzange.
- Extensions brauchen Spezialbürsten, können sonst aber wie das eigene Haar gepflegt werden.
- Alle zwei bis drei Monate müssen die Strähnen entfernt und neu fixiert werden – so behalten sie etwa zwei Jahre lang Glanz und Fülle.

und nur im Notfall auf ▪ ***Multivitamin-präparate*** zurückzugreifen. Zusätzlich kann man den ▪ ***Vitamingehalt*** der Haut durch Pflegeprodukte (s. S. 111) erhöhen.

Fitmacher für den Zellstoffwechsel: Vitamin A

Vitamin A (Retinol) stimuliert die Zellerneuerung, reguliert die Funktion der Augen und ist ein guter Radikalenfänger – fehlt Retinol, wird die Haut trocken, schuppig und altert schneller. Tierisches Vitamin A (in Milch, Fleisch, Eiern) ist in Überdosierung gefährlich – im Gegenteil zu den pflanzlichen Vitamin-A-Vorstufen der über 3000 Carotinoide, aus denen der Körper Vitamin A herstellt. Am wirksamsten ist das Beta-Carotin (in Karotten, Paprika, Feldsalat). Nach neuesten Forschungen sind isolierte Beta-Carotin-Zugaben für Raucherinnen nicht zu empfehlen. Natur pur ist sowieso besser – z. B. als Mixgetränk aus je 120 ml Karotten- und Tomatensaft, 1 TL Joghurt, 1 TL Zitronensaft und 1/2 TL Pflanzenöl.

Reines Vitamin A ist sehr empfindlich; erst in den letzten Jahren ist es gelungen, es statt der Vorstufe Vitamin-A-Palmitat in Cremes einzubauen, wo es als Anti-Falten-Wirkstoff die Zellteilung stimulieren soll – denn je kürzer der Lebenszyklus, desto schöner die Haut! Für Naturkosmetikfans: 2 EL Quark, 1 TL Sahne, 1/2 Eigelb verrühren, 10 Minuten kalt stellen, 20 Min. einwirken lassen, lauwarm abwaschen.

VITAMINCREMES erhöhen den Vitamingehalt der obersten Hautschicht aus abgestorbenen Hornzellen. Diese können von innen nicht mehr versorgt werden, kommen aber als erste in Kontakt mit verschmutzter Luft oder UV-Strahlen.
Die fettlöslichen Antioxidantien Vitamin A, E und das wasserlösliche Vitamin C machen die dadurch entstehenden freien Radikale unschädlich.

Repair-Programm mit Vitamin E

In der Natur wird die Nummer eins unter den Radikalenfängern ausschließlich von Pflanzen hergestellt; in tierischen Fetten kommt es nur deshalb vor, weil Pflanzen zur Nahrung der Tiere gehören. Vitamin E (in Pflanzenölen, Avocados, Getreide, Eiern, Milch) schützt die Zellen vor Oxidation wie Pflanzenöle vor dem Ranzigwerden, regt die Zellteilung an, verlängert ihre Lebensdauer und verbessert das Hautbild – Kombinationen mit Vitamin C und Pflanzenfarbstoffen verstärken die Wirkung. Tipp: Täglich eine Handvoll Sonnenblumenkerne und einen Apfel essen.

Auf der Haut unterstützt Vitamin E die Wundheilung, schützt vor „Sonnenallergien“ und UV-Schäden, macht trockene Haut und rissige Lippen weich und glatt. Lippenbalsam für Naturfans: 5 g Bienenwachs unter Rühren in 5 ml Weizenkeim- und 20 ml Jojobaöl schmelzen, in ein sauberes Töpfchen füllen. Es hält – kühl gelagert – etwa drei Monate.

VITAMIN-B-MIX: Je 100 g Wasser- und Honigmelone mit 1 TL Honig und 3 EL Joghurt im Mixer pürieren.

Macht schön straff: Vitamin C

Es steuert den Aufbau des Bindegewebes, regt die Bildung des natürlichen Feuchthaltefaktors Hyaluronsäure an und wird für die Aufnahme von Eisen und Folsäure gebraucht. Außerdem stimuliert Vitamin C das Immunsystem, dessen Störung eine Ursache für viele Hautkrankheiten ist. Eine ausreichende Versorgung (in Himbeeren, Zitrusfrüchten, Paprikaschoten, Kiwis, Sanddorn) garantiert deshalb straffe, elastische, gut durchblutete Haut; in Kombination mit den Vitaminen A und E hilft es sogar gegen Cellulite. Tipp: Jeden Tag eine Messerspitze Ascorbinsäure (Apotheke) einnehmen. Noch besser ist ein täglicher Teelöffel Sanddornsaft – oder ab und zu ein Drink aus 100 ml Sanddorn-Hagebutten-Dicksaft, 100 ml Trinkjoghurt und etwas Honig – besonders wichtig für Raucherinnen und bei starkem Stress!

Äußerlich aufgetragen, beschleunigt Vitamin C bei sonnengereizter Haut den Heilungsprozess, verbessert den Feuchtigkeitsgehalt und lässt den Teint strahlender aussehen. Für eine kühlende Feuchtigkeitspflege nach der Sonne etwas Aloe-Vera-Gel mit einem Wattebausch auf die gereinigte Haut geben.

Auch nicht ohne: B-Vitamine & Spurenelemente

Für die ständige Erneuerung von Haut, Haaren und Nägeln benötigt der Körper auch die Vitamine der B-Gruppe. So sind ▪ ***Vitamin B2*** (in Fleisch, Eiern, Milch), ▪ ***Vitamin B5*** oder Panthotensäure (in Melonen, Hefe, Joghurt) ▪ ***Vitamin B6*** (in Vollkornprodukten, Hülsenfrüchten) ▪ ***Vitamin B8*** oder Biotin (Himbeeren, Orangen) ▪ ***Vitamin B9*** oder Folsäure (Melonen, Brokkoli) im Zusammenspiel mit den Mineralstoffen ▪ ***Zink, Selen, Eisen*** (in Mais, Linsen, Erbsen, Kirschen) wichtig für ein straffes Bindegewebe und gesunde, glatte Haut, die lange jung bleibt. Generell gilt: Bei Vitaminmangel werden erst die wichtigsten Organe mit Nährstoffen versorgt, die weniger lebensnotwendigen kommen zu kurz. Daher kann man am Zustand von Haut, Haaren und Nägeln Ernährungsfehler oft regelrecht „ablesen".

BEEREN-MIX
Für zwei Portionen: 200 g Himbeeren, 50 g Erdbeeren geputzt und gewaschen mit 6 EL Weizenkeimen, 250 ml Vollmilch in den Mixer geben, mit dem Pürierstab pürieren, mit 1 EL Vanillezucker süßen.

VITAMIN-TIPPS FÜR DEN TEINT

- *Vitamin-Gesichtsöl* **für angegriffene/trockene Haut: 30 ml Mandelöl, 10 ml Nachtkerzenöl, 2 Tropfen ätherisches Rosenöl, je 1 Tropfen ätherisches Neroli- und Lavendelöl in ein sauberes, dunkles Fläschchen geben. Tropfenweise unter der Tages- oder Nachtpflege einmassieren. Kühl aufbewahrt, hält es mindestens drei Monate** **(s. S. 97).**
- *Sanfte Reinigung:* **In 50 ml Milch 1 TL Honig, 1 TL Zitronensaft lösen. Mit einem Wattepad auftragen, 2 – 3 Min. wirken lassen, abwaschen. Hält im Kühlschrank etwa 2 – 3 Tage.**
- *Gegen Fältchen:* **30 ml Jojobaöl mit 12 Tropfen Wildrosenöl mischen (s. o). Täglich einige Tropfen als Zusatzpflege einmassieren.**

SELBSTGEMIXTE FRUCHTMASKEN mit einem Pinsel auf die gereinigte Haut auftragen, 20 Min. einwirken lassen, mit lauwarmem Wasser und Waschlappen abnehmen.

Für trockene Haut: 2 EL Avocadofruchtfleisch zerdrücken, einige Tropfen Zitrone dazugeben.

Für normale Haut: 1/4 Banane zerdrücken, mit 1 TL Tagescreme vermischen.

Für müde Haut: 1 kleinen Apfel reiben, in einem Küchentuch ausdrücken, mit 1 TL Honig vermischen. Möglichst im Liegen auftragen, mit einer feuchten Kompresse (z. B. mit einem Gästehandtuch) fixieren.

Sonne unbesorgt geniessen

Ihre Wärme und ihr Licht machen fröhlich. Ihre UVA- und UVB-Strahlen tönen die Haut zwar schön braun, sind aber auch gefährlich

UV-Strahlen lassen die Haut schneller alt aussehen und sind außerdem eine der Ursachen für die weltweite Zunahme von Hautkrebs. Ist doch die Bildung des Farbstoffes Melanin ein Versuch der Haut, die Erbinformation der Zellen zu schützen, was leider nicht immer gelingt. Auf eine (zarte!) Bräune verzichten muss man deshalb nicht. Wer kein Risiko eingehen will, sollte höchstens 50 Sonnenbäder im Jahr nehmen und sich dafür nur die Vor- und Nachmittagsstunden aussuchen. Am Anfang höchstens 20 Minuten sonnen, danach jeden Tag eine Minute länger – oder gleich ganz im Schatten bleiben, dort sind noch 60 Prozent der Strahlen wirksam. Dabei nie auf eine Lichtschutzcreme mit UVB- und UVA-Filtern (mindestens LSF 15) verzichten. Höher als LSF 30 (filtert 96,7 Prozent der Strahlen) bringt nicht viel: LSF 50 filtert nur wenig mehr (98 Prozent) und enthält sehr viele chemische Filter, die die Haut belasten können.

Frischer Teint auch ohne Sonne

Selbstbräuner färben mit dem Wirkstoff Dihydroxyaceton spezielle Eiweißmoleküle in der Haut so ein, dass sie wie natürlich gebräunt aussieht. Damit die Farbe gleichmäßig wird, vor dem Auftragen ein Peeling machen; Augenbrauen und Haaransatz mit Feuchtigkeitscreme schützen.

Für eine besonders zarte und garantiert streifenfreie Tönung Selbstbräuner im Verhältnis 1:1 mit Feuchtigkeitscreme mischen.

SONNENSCHUTZ
UV-Filter (besonders chemische) belasten die Haut. Deshalb nur dann eine Tagescreme mit hohem UV-Schutz verwenden, wenn man tagsüber dem Licht wirklich häufig ausgesetzt ist. Möglichst eine Creme mit mineralischen (z. B. Titandioxid), chemisch stabilen (z. B. Mexoryl XS) oder natürlichen Lichtschutzölen (Avocadoöl, Macadamianussöl) verwenden. Bei viel Sonne auf eine gute Vitaminversorgung achten und den Schutz der Augen nicht vergessen!

PFLEGE-NEWS –

Tiefenreinigung
Peelings rubbeln mit winzigen Kügelchen die obere Schicht aus Hornzellen und kleine Unreinheiten ab, die Haut wird weich und zart.

■ Damit sie dabei nicht gereizt wird, muss das Peeling zum Hauttyp passen.

■ Fettige Haut einmal wöchentlich, normale alle zwei Wochen, trockene höchstens einmal im Monat peelen. Dabei die T-Zone (Stirn, Nase, Kinn) stärker massieren, die Augenpartie aussparen. Gut abspülen!

Wunder der Erde
Lavaerden sind mineralische Erden mit tief reinigender Wirkung – ohne Tenside!

■ Dazu gehören: Rhassoul (oder Ghassoul) aus Marokko, Schlamm aus dem Toten Meer, schwefelhaltiger Fango.

■ Für eine sanfte Reinigung, die die Haut nicht entfettet: 1 TL Rhassoul mit 4 TL Wasser und 4 Tropfen Pflanzenöl vermischen, einmassieren und gut abspülen. Diese Mischung ist auch für die Haare geeignet!

Selbstgemixt: Natur-Peeling
Dafür eignen sich Peeling-Mehle wie Mandelkleie, Japanische Waschkörnchen aus Azuki-Bohnen, Salz, Hafermehl, fein gemahlene Mandeln, Milchpulver.

■ Mit Reinigungsmilch/Öl (trockene Haut) oder Wasser (normale bis fettige Haut) mischen, in die feuchte Haut mit kreisenden Bewegungen sanft (!) einmassieren, abspülen.

■ Oder mit Blütenwasser zu einem Brei rühren, auf die trockene Haut auftragen, nach 10 Min. mit kreisenden Bewegungen abwaschen.

VON RHASSOUL BIS PEELING

Masken zum Abziehen
Bei Peel-off-Masken bleiben abgestorbene Hautzellen und Schmutz an einem elastischen Gel hängen, das auf der Haut fest wird.

■ Empfindliche Haut verträgt diese Behandlung oft besser als ein Rubbelpeeling. Bei Couperose die Wangenpartie auslassen.

■ Fettige, großporige Haut kann mit einer Peel-off-Maske ruhig täglich (eventuell nur in der T-Zone) behandelt werden, bis sich das Hautbild gebessert hat.

AHA-Effekt mit Ananas
Der Saft der tropischen Frucht enthält das Enzym Bromelain, das im Bindegewebe Verkrustungen aus abgestorbenen Körperzellen abbauen kann, die seine Elastizität beeinträchtigen.

■ Zwei Gläser Ananassaft täglich sind ein einfaches Antifaltenmittel.

■ In Waschcremes (s. S. 110) macht Ananas besonders fettige oder stark verhornte Haut zarter und klarer, weil das Enzym abgestorbene Hautschüppchen leichter von der Haut löst.

Every-Day-Peeling
Enzyme und milde Säuren (AHA´s, von Alpha-Hydroxy-Säure) lösen den Kitt zwischen den Hornzellen. Das wirkt wie ein sanftes Peeling, regt die Zellteilung an – besonders, wenn man es täglich macht.

■ Papaya hat diesen Effekt von Natur aus. Saft auftupfen, etwas einwirken lassen, abwaschen.

■ Leichter zu handhaben sind Peeling-Lotions für jeden Tag mit Milch- oder Salicylsäure (s. S. 110).

ALLES

Extrasanft: Reinigungsöl
Fette ziehen sich an – deshalb entfernt Öl fettlöslichen Schmutz.

- Zur sanften Reinigung trockener Haut: Gesichtswasser und Öl (z. B. Mandelöl) auf einen Wattebausch geben, Gesicht abreiben.
- Waschöle zum Reinigen mit Wasser enthalten oft sehr intensive Tenside, damit das Öl ihre Wirkung nicht aufhebt. Für ein garantiert sanftes Waschöl kann man auch 100 ml Pflanzenöl mit 1 – 2 TL eines milden Emulgators mischen (Bezugsquelle s. S. 111).

SAUBER – ALLES KLAR!

Waschen ohne Wasser

Diese sanfte Methode der Reinigung ist besonders für die trockene, empfindliche Haut geeignet.

■ Dafür werden Schmutz und überflüssiger Talg zuerst mit einer Öl/Wasser-Reinigungsmilch gelöst und mit einem Kosmetiktuch entfernt.

■ Danach unbedingt mit Gesichtswasser nachreinigen – es beseitigt Schmutzrückstände und verbessert den pH-Wert der Haut.

Sauberer Schaum: Seifen

Seifen lösen den Schmutz durch Quellung und sind immer alkalisch.

■ Dadurch verändern sie den pH-Wert – nach dem Abspülen ist er immer noch bei etwa sieben – und sind nur für normale bis fettige Haut geeignet.

■ Cremeseifen bestehen aus Emulsion plus Seife und enthalten Pflegestoffe, die sie hautfreundlicher machen.

Synthetische Waschkraft

Syndets – als Gel oder Waschstück – reinigen durch elektrostatische Anziehung mit waschaktiven Stoffen (Tensiden).

■ Saure oder neutrale Syndets schonen zwar den Säureschutzmantel, können aber auch stark austrocknen, wenn die Tenside zu aggressiv sind. Sehr schonend sind z. B. nichtionische Tenside aus Glucose, Saccharose, Stärke (z. B. Cocoglucoside).

Ein Solo für das Wasser

Wasser hat einen chemisch neutralen pH-Wert von sieben, der auf dem sauren Hydrolipidmantel der Haut aber schwach alkalisch und somit reinigend wirkt.

■ Deshalb genügt bei normaler bis trockener Haut morgens meist Wasser pur.

■ Trockene und empfindliche Haut immer nur lauwarm waschen. Fettige Haut verträgt heißeres Wasser – und einen kalten Guss zum Schluss.

Je sanfter, desto besser

Die natürlichen Emulgatoren Lezithin und Cholesterin bilden aus dem Fett der Talgdrüsen, Schweiß und Wasser auf der Haut eine natürliche Creme mit saurem pH-Wert (5,0 bis 5,5) der sie geschmeidig hält und Bakterien abwehrt.

■ Dieser Hydrolipidmantel wird beim Waschen zerstört und muss neu gebildet werden – selbst die beste Creme kann ihn nicht ersetzen.

■ Das kann – besonders bei trockener Haut – sehr lange dauern; in dieser Zeit steigt der pH-Wert und macht sie anfällig für eindringende Bakterien und Pilze. Aber auch normale oder fettige Haut kann durch zu häufiges oder falsches Waschen austrocknen – sie spannt, juckt, es bilden sich Unreinheiten oder gar Ekzeme.

■ Deshalb ist die typgerechte und möglichst sanfte Reinigung die Grundlage jeder Hautpflege, bei der die Haut nach dem Waschen nicht spannt.

BODYFEELING

DAS GEHEIMNIS DER DÜFTE
STREICHELWEICHE HAUT
SCHÖNHEIT AUS DEM MEER

Für den Körper, für die Sinne

Aromatherapie bedeutet „Heilen mit Düften". Dabei spielt der Duft ätherischer Öle eine Rolle – aber auch ihre medizinische Wirkung

Ätherische Öle sind Duftstoffe, die Pflanzen als winzige Tröpfchen in Blüten, Blättern, Stängeln und Wurzeln einlagern. Sie setzen sich aus vielen Bausteinen zusammen – Rosenöl enthält z. B. über 4000 Komponenten.

Das Geheimnis der ätherischen Öle

Ihr Duft dient dem Anlocken von Insekten, aber die ätherischen Öle haben auch noch andere Eigenschaften: Sie wehren Bakterien und Pilze ab, beeinflussen den Stoffwechsel und steuern biochemische Vorgänge. Das macht sie zu wertvollen Wirkstoffen für eine sanfte Naturheilkunde, die Körper, Seele und Geist mit einbezieht: die Aromatherapie. Dabei wirken die Öle auf zweierlei Weise: ▪ ***Ihr Duft*** gelangt durch die Nase in das limbische Zentrum des Gehirns und beeinflusst dort Gefühle, vegetatives Nervensystem und Hormonproduktion. Außerdem dringen sie in den Körper ein, ▪ ***gelangen in den Blutkreislauf*** und entfalten dort ihre Wirkung, z. B. antiseptisch, krampflösend usw. Bei unsachgemäßer Anwendung können sie gefährlich werden – deshalb nur stark verdünnt verwenden und möglichst nie direkt auf die Haut geben. Schwangere und Epileptiker sollten auf echte Aromatherapie verzichten – im Zweifelsfall einen qualifizierten Therapeuten fragen (s. S. 111).

EIN AROMABAD mit natürlichen, ätherischen Ölen wirkt durch die Nase und die Haut – synthetische Öle haben keine Heilwirkung. Man kann Aromabäder fertig kaufen, duftende Rosenblütenblätter ins Bad geben oder aus ätherischen Ölen und einem Emulgator selbst mixen.

Für ein harmonisierendes Beautybad 2 EL Sahne oder Honig mit 6 Tropfen Geranie, 2 Tropfen Lavendel und 1 Tropfen Neroli vermischen, ins laufende Badewasser geben.

Für ein vitalisierendes Bad benötigt man 2 EL Sahne oder Honig, 3 Tropfen Rosmarin, 2 Tropfen Bergamotte, 1 Tropfen Zitrone und 1 Tropfen Wacholderöl.

Aromaöle von A bis Z

■ ***Angelika*** (Angelica archangelica). Erdig-würzig-bittere Herznote. Kräftigend, wärmend, stärkend, stark antiseptisch und durchblutungsfördernd, gut in Massageölen. ■ ***Bergamotte*** (Citrus bergamia). Fruchtig-süßliche Kopfnote. Erfrischend, stimmungshebend, adstringierend, reinigend. Gegen Akne, fettige Haut. Photosensibilisierend! ■ ***Eukalyptus*** (Eucalyptus globulus 85 %; ohne stark reizende Inhaltsstoffe). Frisch-scharfe Kopfnote. Erfrischt, muntert auf, stärkt. Wirkt keimtötend, desinfizierend. Nicht für Kinder unter sechs Jahren. Milder: Eucalyptus radiata. ■ ***Geranie*** (Pelargonium graveolens). Rosig-blumige Herznote. Aufmunternd, entspannend, reinigend, ausgleichend bei trockener empfindlicher und Aknehaut. ■ ***Kamille blau*** (Chamomilla recutita). Krautig-aromatische Herznote. Entspannend, entzündungshemmend bei unreiner und trockener/empfindlicher Haut. Kann

Reizungen auslösen. ▪ ***Lavendel fein*** (Lavandula officinalis). Heuartig, süß-frische Herznote. Beruhigend, durchblutungsfördernd, besänftigend; für jeden Hauttyp. ▪ ***Limette*** (Citrus medica). Exotische zitronig-frische Kopfnote. Wirkt erfrischend, antiseptisch, strafft Haut und Bindegewebe. ▪ ***Myrte*** (Myrtus communis). Frisch eukalyptusartige Kopf-/Herznote. Kann innere Unausgewogenheit lösen, wirkt reinigend, stärkend, entzündungshemmend. ▪ ***Neroli*** (Citrus aurantium ssp. aurantium). Blumige, nach Orangen duftende Herznote. Löst Spannungen, stimuliert die Zellerneuerung, hilft bei Couperose. ▪ ***Orange*** (Citrus sinensis). Fruchtig-frische, süße Kopfnote. Gibt neue Energie, entschlackt und strafft; photosensibilisierend! ▪ ***Rose*** (Rosa damascena). Blumige, typisch-rosige, manchmal frische Herznote. Beruhigend, sinnlich, harmonisierend. Zur Pflege aller Hauttypen, besonders empfindlicher Haut – leider teuer. Ersatz: Geranie, Palmarosa. ▪ ***Rosenholz*** (Aniba rosaeodora). Blumig-rosige, holzig-frische Herz-/Basisnote. Ausgleichend, kräftigend bei müder Haut, lindert Dehnungsstreifen. ▪ ***Salbei*** (Salvia officinalis). Würzige Kopfnote. Wirkt seelisch und körperlich reinigend und klärend; gegen unreine Haut. ▪ ***Sandelholz*** (Santalum album). Exotische, holzig-süßliche Herz-/Basisnote. Harmonisierend, wärmend, sinnlich, adstringierend; für alle Hauttypen. ▪ ***Teebaum*** (Melaleuca alternifolia). Würzig, krautige Herznote; s. S. 73. ▪ ***Wacholderbeere*** (Juniperus communis). Würzig-kräftige Kopfnote; anregend, kräftigend bei fetter, großporiger Haut und Cellulite. ▪ ***Ylang-Ylang*** (Canaga odorata). Schwere, süß-blumige Herznote. Euphorisierend, feuchtigkeitsbindend, macht die Haut weich. ▪ ***Zitrone*** (Citrus limonum). Frische Kopfnote. Aufmunternd, keimtötend, entzündungshemmend; gegen fette Haut und Cellulite; photosensibilisierend – nicht in der Sonne anwenden! ▪ ***Zypresse*** (Cupressus sempervirens). Herb-holzige Herznote. Wirkt aufrichtend, straffend, klärend. Ein gutes Mittel gegen müde Haut und Cellulite.

Duftender Pflegekick

Der Name sorgt oft für Missverständnisse, denn ätherische Öle sind nicht fett, sondern flüchtig. Dabei wird ihr charakteristischer Duft oft nur durch einen Bestandteil geprägt – wie das Geraniol in der Rose –, was man sich bei der Herstellung synthetischer Aromaöle zunutze macht. Diese werden vorwiegend in der Parfümerie und der Aromakologie verwendet, die nur auf die belebende, ausgleichende oder entspannende Wirkung der ätherischen Öle in Cremes, Duschgels, Peelings usw. setzt.

Besser ist es natürlich, die heilende Wirkung der Aromaöle mit einzubeziehen. Das Angebot an Aroma-Naturkosmetik oder konventioneller Kosmetik, die auf ätherische Öle als Wirkstoff setzt, ist riesig. Für selbst gemachte Aromakosmetik bieten darauf spezialisierte Hersteller (s. S. 111) neben ätherischen und Basisölen auch duftneutrale Basiscremes, -öle, -duschgels, bereits gemischte Potpourris und Rezepte (1 ml ätherisches Öl sind etwa 20 Tropfen). Die typischen Anwendungsbereiche der Aromatherapie sind: ■ ***Inhalationen*** mit Dampf (1–2 Tropfen ätherisches Öl auf 2 l Wasser); ■ ***Massagen*** (Körperöl s. S. 108); Gesichtsöl: 5–10 Tropfen auf 100 ml Basisöl (Aprikosenkern-, Jojoba-, Mandel-, Nachtkerzenöl). ■ ***Masken:*** 3 TL Ton-, Heilerde, etwas Wasser, 2–4 Tropfen ätherisches Öl; ■ ***Kompressen***: auf 2 l Wasser ca. 2–6 Tropfen.

Mischungen ätherischer Öle müssen im Duft zusammenpassen. In der klassischen Parfümerie mixt man deshalb immer eine flüchtige Kopf-, eine länger haftende Herz- und eine lang haftende Basisnote (Rosenholz, Sandelholz, Tonka, Vanille, Patchouli). Rose, Zitrone, Lavendel, Orange kann man auch pur verwenden; Düfte aus einer Familie, würzige oder holzige Noten mit Zitrusdüften harmonieren fast immer. „Retter in der Not" für misslungene Mischungen: etwas ätherisches Zitronen- oder Lavendelöl tropfenweise dazugeben.

AROMA-TIPPS ZUM SELBERMACHEN

- *Fruchtiges Körperöl:* 100 ml Jojobaöl mit 6 Tropfen Orange, 3 Tropfen Sandelholz, 2 Tropfen Ylang-Ylang mischen. Hält in einer dunklen Flasche kühl aufbewahrt mindestens drei Monate.
- *Rosenbad:* 200 g Salz mit vier bis fünf Rosenblüten in ein Glas füllen, gut verschließen – nach ca. 1–2 Wochen haben sich die Duftstoffe übertragen. Oder eine Hand voll Meersalz mit 6 Tropfen Rose, 3 Tropfen Ylang Ylang, 3 Tropfen Sandelholz mischen.
- *Celluliteöl:* 50 ml Jojobaöl mit je 5 Tropfen Geranien-, Wacholder-, Orangen- und Zypressenöl mischen.
- *Achtung:* Zitrusöle können dunkle Pigmentierungen auslösen. Nach der Verwendung mehrere Stunden lang nicht in die Sonne gehen!

Öl auf meiner Haut

Natur pur für schöne Haut: Pflanzenöle schützen, spenden viel Fett und lindern mit ihren Wirkstoffen sogar Hautkrankheiten

Die Entwicklung von Cremes und High-Tech-Mineralölen drängte sie für lange Zeit ins Abseits. Mit der Wellness-Welle kam das Comeback für die uralten Schönheitsmittel: pflanzliche Öle aus Nüssen, Samen und Früchten.

Mandeln, Jojoba & Co

Sie sind innerlich und äußerlich anwendbar, in ihrer Zusammensetzung dem natürlichen Hautfett sehr ähnlich und bilden eine feine Schutzschicht auf der Haut. Ihre ungesättigten Fettsäuren und Fettbegleitstoffe wie Vitamine, Phytosterole, Farbstoffe, Spurenelemente dringen tief ein, binden Feuchtigkeit bis in die Zellzwischenräume und aktivieren die Hautfunktionen. Dabei unterscheidet man zwischen ■ ***Wirkstoffölen,*** die den Effekt von Öl und Heilpflanze vereinigen wie Arnika-, Borretschsamen-, Calendula-, Johanniskraut-, Nachtkerzen-, Schwarzkümmelöl und ■ ***fetten Ölen***, die als Basisöle eingesetzt werden. Für fettige Haut: Haselnuss-, Jojobaöl (ein flüssiges Wachs für jeden Hauttyp). Für trockene Haut: Avocado-, Erdnuss-, Mandelöl. Für Neurodermitiker: Hanf-, Kokosöl. Sehr lange haltbar: Jojoba- und Avocadoöl. Pflegeöle kann man fertig kaufen (Naturkosmetikhersteller) oder aus möglichst kaltgepressten Ölen (Reformhaus) ■ ***selbst herstellen.*** Dafür sollte man den typischen Geruch des Öls allerdings mögen, deshalb vor dem Kauf unbedingt einmal probeschnuppern! Sie vermischen sich leicht untereinander, mit Wirkstoff- oder ätherischen Ölen; Jojobaöl wirkt stabilisierend. Weil Öle kein Wasser enthalten, werden sie in die ■ ***feuchte Haut*** einmassiert. Tipp: Thermalspray aufsprühen oder Aloe-Vera-Gel auftragen, dann das Öl einmassieren.

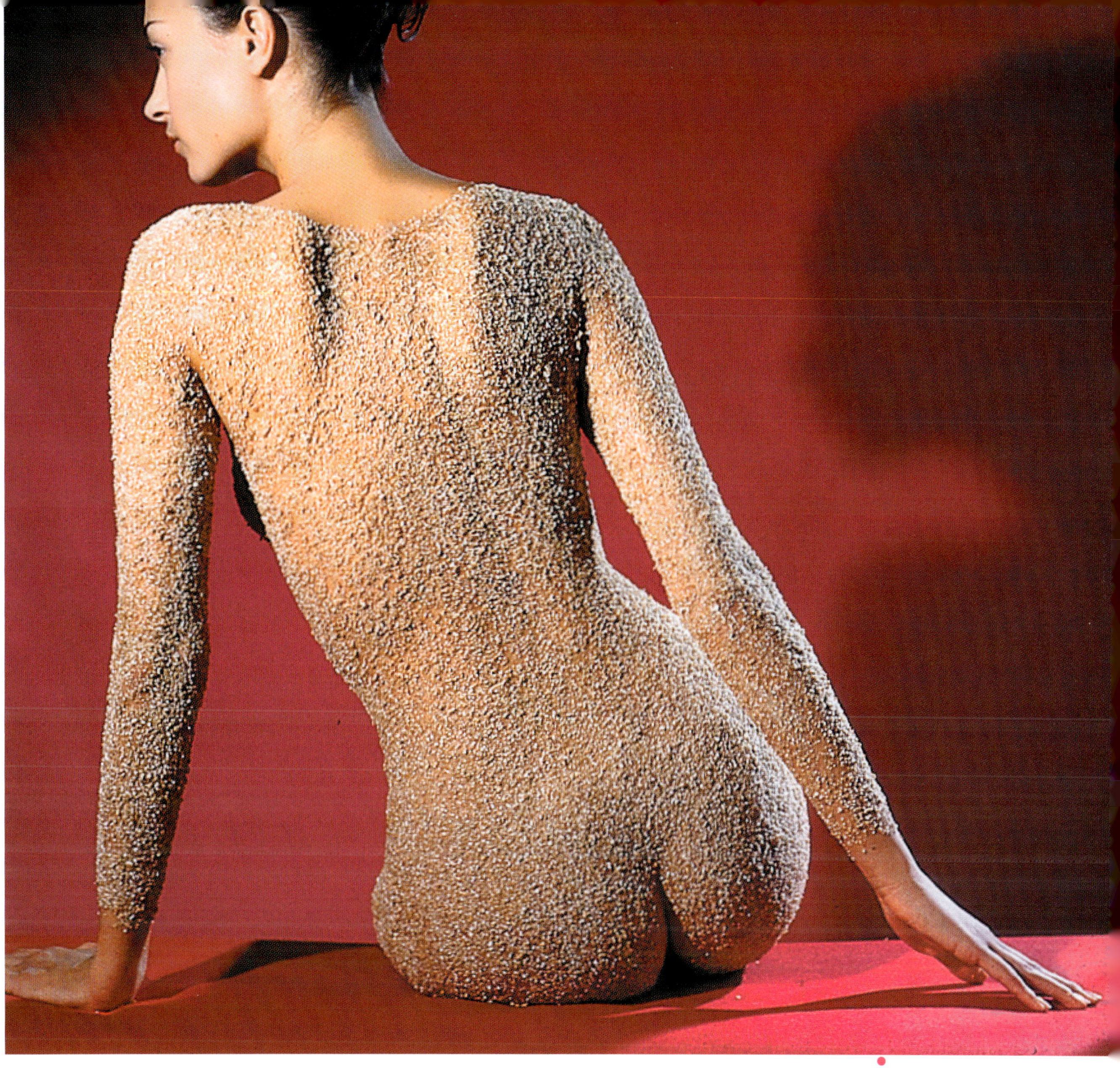

Schönheit aus dem Meer

Die Thalassotherapie nützt die heilenden Kräfte von Meerwasser, Schlick und Algen für eine ganzheitliche, natürliche Schönheitspflege

Die tosende Brandung des Meeres weckt Ehrfurcht und lässt den Betrachter gleich freier atmen. Denn Wind und Wellen erzeugen einen salzhaltigen Sprühnebel, der die Schleimhäute der Atemwege befeuchtet und im Körper über die Lymphe einen Mangel an Mineralstoffen und Spurenelementen ausgleicht.

Essenz des Lebens: Meerwasser

Dieser Mangel ist weiter verbreitet als angenommen und schwerer auszugleichen als Vitaminmangel, da eine Überdosierung gefährlich werden kann. Jod, Zink & Co müssen in einer bestimmten Zusammensetzung zugeführt werden – so, wie es das Meerwasser von Natur aus bietet. Deshalb eignen sich Trinkkuren mit verdünntem (!) Meerwasser hervorragend als Nahrungsergänzung, wirken gleichzeitig entschlackend und regen den Stoffwechsel an. Auch für die äußerliche Anwendung hat das Meer viel zu bieten. Meersalz ähnelt durch seine Mineralstoffe und Spurenelemente den natürlichen Salzen der Haut, die den Hautschutzmantel aus Fett und Feuchtigkeit „zusammenhalten". Deshalb wird es von ihr gut aufgenommen, steigert den Feuchtigkeitsgehalt und lindert Entzündungen; das mineralstoffreiche Salz des Toten Meers wird sogar als Arzneimittel gegen Hautkrankheiten eingesetzt. Meersalzbäder entspannen und reinigen porentief – man bekommt sie „pur" oder mit ätherischen Ölen bzw. Pflanzenextrakten vermischt. Für ein Körperpeeling 40 g Meersalz mit 20 ml Pflanzenöl mischen, einmassieren und gut abspülen.

IN THALASSO-ZENTREN, Schönheitsfarmen und Kosmetikinstituten kann man die Heilkraft des Meeres unter kompetenter Beratung genießen (s. S. 111). Denn was hilft, kann auch schaden: Für Meersalz- und Algenbäder braucht man eine gute Konstitution. Deshalb bei Überfunktionen der Schilddrüse, Jodallergie, Bluthochdruck oder in der Schwangerschaft lieber darauf verzichten.

Meersalz in Creme & Co

Pflegeprodukte für Körper und Gesicht verbinden die Wirkung des Meersalzes mit den pflegenden Eigenschaften von Ölen und Pflanzenextrakten. Ihre Anwendung ist medizinisch unbedenklich; sie sind für jeden Hauttyp geeignet, besonders aber für sensible, trockene oder unreine Haut.

DO IT YOURSELF
Schlammpackung gegen Cellulite: 20 Tropfen D-Panthenol, 30 Tropfen ätherisches Lavendelöl, 3 EL Salz aus dem Toten Meer und 60 g Schlamm aus dem Toten Meer vermischen, leicht anwärmen. Auf Problemzonen (Bauch, Po, Oberschenkel) auftragen, erst mit Folie, dann mit Handtüchern umwickeln. Mindestens eine halbe Stunde einwirken lassen, dann gründlich abduschen.

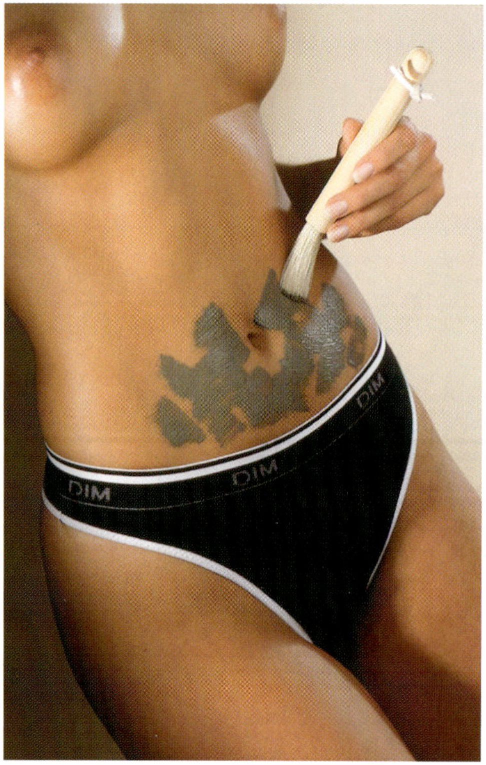

Konzentrierte Wirkstoffe in Schlick & Algen

Schlick enthält neben den Mineralsalzen des Meeres hohe Konzentrationen von entzündungshemmendem Schwefel. Der abdichtende Effekt von Packungen und Masken sorgt dafür, dass die Wirkstoffe gut von der Haut aufgenommen werden können und regt dabei Durchblutung und Mikrozirkulation an. Außerdem saugt Schlick Schmutz und Stoffwechselendprodukte regelrecht auf und wirkt dabei wie ein sanftes Peeling.

Auch Algen sind wahre Wirkstoffbomben, die mit ihren Schleimstoffen viel Feuchtigkeit spenden. Ein Kilogramm enthält die Mineralien, Aminosäuren, Mineralsalze und Spurenelemente aus ca. 100 000 Liter Meerwasser. Etwa 50 der 25 000 Algenarten werden kosmetisch genutzt: Blasentang entwässert; Knotentang stärkt das Bindegewebe; Spirulina fördert Durchblutung und Stoffwechsel, regelt die Talgdrüsenproduktion; Fingertang entschlackt und hilft gegen Venenschwäche, Ulcva lactuca spendet viel Feuchtigkeit. Man kann sie innerlich (Tee, Pulver, Algenküche) oder äußerlich (Packungen, Bäder, Produkte zur Reinigung und Pflege; s. S. 111) anwenden.

MEERESLUFT tut Haut und Lunge gut – mit speziellen Duschköpfen kann man sich den feinen, salzhaltigen Nebel ins Badezimmer holen.

MEERSALZ & CO Höchstens 15 bis 20 Min. baden, danach je nach Anleitung kurz abspülen oder nur abtupfen, in einen Bademantel wickeln.

ORIGINS

Streicheleinheiten für Körper & Seele

Schön locker bleiben
Durch Wut, Stress, Angst oder nächtliches Zähneknirschen können sich die Kiefernmuskeln so stark verspannen, dass sie Kopfschmerzen auslösen.
■ Eine Massage mit kreisförmigen Bewegungen des Zeigefingers am Kieferknochen entspannt. Der Akupressur-Schuh sorgt dabei für den richtigen Druck!

Anti-Cellulite-Massage
■ 3 EL Weizenkeimöl mit je 3 Tropfen Lavendel fein, Zypresse und 2 Tropfen Wacholder mischen.
■ Fuß hochstellen, Öl vom Knie nach oben verstreichen. Schenkel und Po mit den Fingern aufwärts kneten, dabei jeweils eine kleine Hautpartie zusammendrücken, leicht anheben, loslassen. Mit den Knöcheln aufwärts kreisen, zum Schluss noch mal streichen.
■ Mindestens vier Wochen lang täglich 10 Minuten!

Zupfmassage
Beugt Schwangerschaftsstreifen vor, macht schlaffe Haut wieder elastisch:
■ Haut mit Öl einreiben, vom Nabel aus beginnend zwischen Daumen und Zeigefinger Stück für Stück hochzupfen und durchwalken, bis sie sich leicht gerötet hat.
■ Die Massage wirkt nur, wenn sie täglich gemacht wird.

Fußreflex-Massage
Sie hilft bei Erschöpfung, Stress, macht gute Laune:
■ Massiert wird ohne Öl, damit die Hände gut greifen können. Mit den Fingern beider Hände die Sohlen kräftig massieren; die Daumen liegen auf dem Spann (s. Foto).
■ Danach die Füße von den Zehen zu den Knöcheln mit flachen Händen ausstreichen.

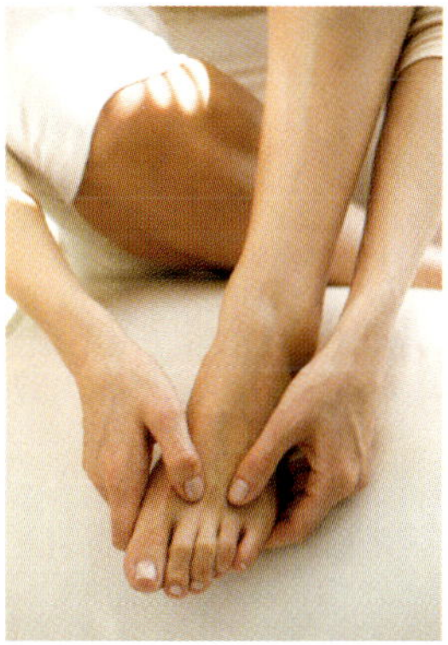

Aroma-Massage
Sanftes Streicheln (s. S. 108) beruhigt, stimuliert die Nervenenden, lockert das Unterhautgewebe; ätherische Öle verstärken den Effekt und pflegen die Haut.
■ Ideal zum Relaxen: ein warmer, ruhiger Raum, weiches Licht, sanfte Musik.
■ Grundrezept Massageöl: 10 – 25 Tropfen ätherisches Öl auf 100 ml Basisöl (Avocado-, Mandel-, Jojoba-, Sesamöl; s. auch S. 90 – 96).

Die Mischung macht's
Nach gewünschtem Effekt aus folgenden Aufzählungen je drei Öle auswählen und mit Trägeröl mischen:
■ Aufmunternd: Salbei, Bergamotte, Rosenholz, Orange, Ylang-Ylang.
■ Entspannend: Kamille, Bergamotte, Salbei, Lavendel, Rosenholz, Sandelholz.
■ Gegen Muskelkater: Eukalyptus, Lavendel, Zitrone, Orange, Rosmarin.

Stachel-Massage
Ein Gummi-Igel aus dem Sanitätshaus stimuliert die Reflexpunkte und entspannt verkrampfte Hände: Zwischen den Handflächen hin- und herrollen lassen oder kräftig kneten.

■ Der Igel ist auch für eine Körpermassage geeignet: Mit sanftem Druck über Po, Bauch, Beine, Arme und Rücken rollen.

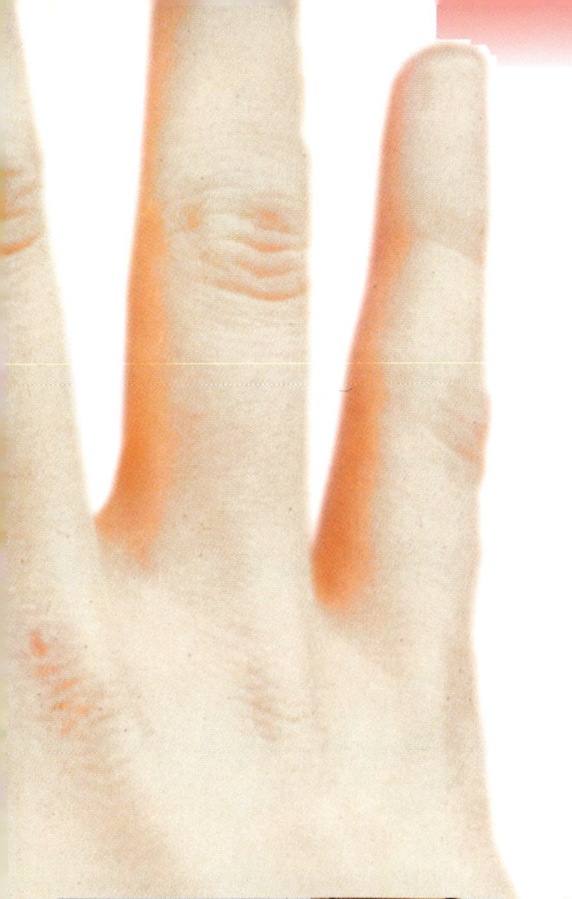

Schwedische Massage

■ Über jeden Körperteil sanft und mit gleichmäßigem Druck in einer Richtung streichen.

■ Muskeln heben, zwischen Daumen und alle Finger nehmen, kneten.

■ Auf Rücken und Beinen, wo sich genügend Gewebe befindet, verbessert schnelles, kräftiges (nie schmerzhaftes!) Klopfen mit den Handkanten die Muskelspannung und festigt die Haut.

■ Handflächen mit gleichmäßigem Druck abwechselnd vor und zurück bewegen bringt mehr Blut zu den inneren Organen.

■ Diese Handgriffe sind auch zur Selbstmassage geeignet. Massageöl lässt die Hände besser gleiten.

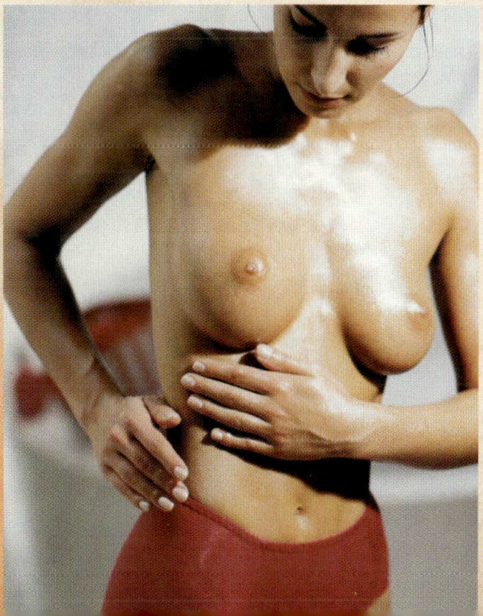

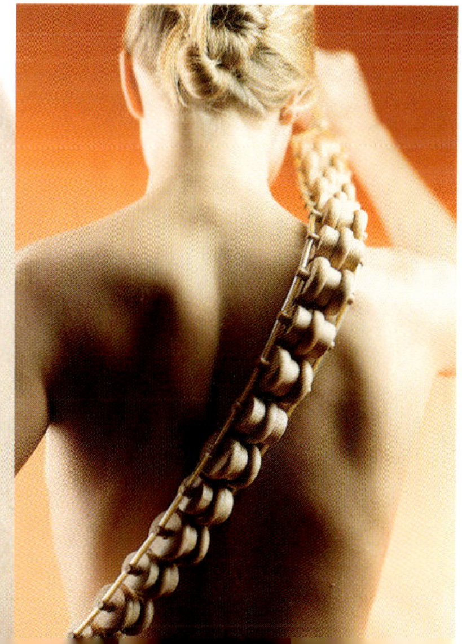

Kurze Ayurveda-Massage

Dafür wird die Haut vor dem Duschen mit Sesam- oder Sonnenblumenöl mit sanft streichenden Bewegungen eingerieben.

■ Alle Teile des Körpers gut einölen. Arme, Schultern, Nacken, Beine, Po kräftiger massieren; Gelenke kreisend reiben.

■ Mindestens fünf, besser 20 Min. einwirken lassen, dann warm duschen, sodass ein feiner Film auf der Haut bleibt.

■ Mindestens vier Wochen (einen Zellzyklus) täglich durchführen!

Unter-Wasser-Massage

Gut durchblutete Haut nimmt Pflegestoffe besser auf. Deshalb beim Baden

■ Beine und Arme mit Luffaschwamm oder weicher Bürste in langen Strichen zum Herzen hin, Knie, Ellbogen, Po und Bauch in kleinen Kreisen massieren.

Rücken-Roller

■ Auf Rücken und Schulterblättern befinden sich viele Akupressurpunkte, deren Stimulierung gegen Stress, Kummer, Verspannung hilft und gleichzeitig die Durchblutung anregt.

Herstellernachweis

S. 10 Kostenlose Farbberatungen in Parfümerien: Color Printing/Prescriptives; Color Coaching/ Clinique. Infos: Brienner Str. 26, 80333 München, Tel. (0 89) 23 68 62 15.
Handgemischtes Make-up: Puderbar/René Koch, Helmstedter Str. 16, 10717 Berlin, Tel. (0 30) 8 54 28 29; Faces, Mittelweg 24, 20148 Hamburg, Tel. (0 40) 41 49 75 76.

S. 30 – 35 Hennamalerei: Mehndi-Tempel Petra Rascher, Gertrudenstr. 2, 20095 Hamburg, Tel. (0 40) 30 39 98 11 (Mehndis, Produktversand, Workshops); Margot Ibrahim/Morgenland, Buttermelcherstr. 21, 80469 München, Tel. (0 89) 21 94 92 73 (Mehndis, Workshops).

S. 36 Piercing-Verband mit ca. 150 Studios: Erste Organisation Professioneller Piercer 1.O.P.P.e.V., Neusser Str. 112, 50670 Köln, Tel. (02 21) 73 56 83.

S. 38 Deutsche Organisierte Tätowierer D.O.T.e.V., Vorstand: Hängo's Tattoo- und Piercingstudio, Mierendorffstr. 23, 10589 Berlin-Charlottenburg, Tel. (0 30) 3 44 41 12 (ca. 50 Studios); Adressen auch im „Tätowier Magazin".

S. 42/44 Spezialgeschäfte für Visagisten, Bühnen-Make-up, Pigmente mit Versand-Service: M.A.C. Blumenstr. 30, 40212 Düsseldorf, Tel. (01 30) 73 46 52; Make-up Ulrike Schütze (Grimas-Produkte), Galleria, Große Bleichen 21, 20354 Hamburg, Tel. (0 40) 34 03 51; Christel Brandt, Grindelallee 186, 20144 Hamburg, Tel. (0 40) 45 36 32.

S. 44 Bronzing-Fluids: z. B. Self Sun bronze gel/ Clinique, Terracotta teint doré/Guerlain, Transparentes Bronzegel/The Body Shop.

S. 52 Dauerwelltechniken: Spiralwickler, Zick-zacklocken, Krepp: Infos über L'Oréal Professionnel, Georg-Glock-Str. 18, 40474 Düsseldorf, Tel. (02 11) 4 37 84 74. Spezialwickler, bei denen das Haar im Wickler gelockt wird – Infos: Wella AG, Berliner Allee 65, 64274 Darmstadt, Tel. (0 61 51) 34 20 00. Natürliche Wickeltechnik von Lothar Meininghaus: Infos über Alcina Cosmetic, Johanneswerkstr. 34 – 36, 33611 Bielefeld, Tel. (05 21) 8 80 82 92.

S. 71 Natürliche Kosmetik: Alva, Hansastr. 91, 49134 Wallenhorst, Tel. (0 54 07) 84 10; Börlind GmbH, Lindenstr. 15, 75365 Calw, Tel. (0 70 51) 6 00 00; Dr. Scheller Cosmetics, Schillerstr. 21 – 27, 73054 Eislingen, Tel. (0 71 61) 8 03 03 46; Comfrey, Eifelstr. 96, 52224 Stolberg, Tel. (0 24 02) 7 10 90; Lavera, Am Weingarten 4, 30974 Wennigsen, Tel. (0 51 03) 93 91 30; Logona, Zur Kräuterwiese, 31020 Salzhemmendorf, Tel. (0 51 53) 8 09 01; The Body Shop, Graf-Landsberg-Str. 1 h – k, 41460 Neuss, Tel. (0 21 31) 95 46; Wala/Dr. Hauschka, Bossler Weg 2, 73085 Eckwälden/Bad Boll, Tel. (0 71 64) 93 00; Weleda, Möhlerstr. 3, 73525 Schwäbisch-Gmünd, Tel. (0 71 71) 91 94 14; Tautropfen, Bahnhofstr. 5, 83119 Obing am See/ Chiemgau, Tel. (0 86 24) 8 78 50.
Zutaten für selbstgemachte Kosmetik: Spinnrad, Am Bugapark 3a, 45899 Gelsenkirchen, Tel. (02 09) 17 00 00 (über 200 Läden und Versand, auch übers Internet unter http://www.spinnrad.de); Stella Essenzen

Kosmetische Grundstoffe, Bleichereistr. 41, 73066 Uhingen, Tel. (0 71 61) 93 96 30 (Versand; auch kleine Mengen); Versand: B & W Naturpflege, Grenzweg 5 – 7, 43555 Velbert, Tel. (0 18 05) 23 45 45; FMK Natur- und Umweltversand, Jahnstr. 12a, 67117 Limburgerhof, Tel. (0 62 36) 6 10 18.

S. 77 Vitamin A: Rétinol pur/RoC und Reti C/Vichy (Apotheke), Power A/ Helena Rubinstein, Diminish/Estée Lauder, Suractif Deep Lift/Lancaster, Phenomen A /Dior.

S. 78 Vitamin E: Optovit (Kapseln), Optolind (Pflege) von Hermes (Apotheke), Vitamin E-Creme/The Body Shop, Sonnenschutzprodukte, Kosmetik mit Pflanzenölen (s. bei Naturkosmetik).

S. 79 Vitamin C: Active C/ La Roche Posay (Apotheke), Force C. Premium/Helena Rubinstein, Solution Vitamin C Serum/Avon, Bestellservice unter Tel. (01 80) 3 25 73 73; Complex C Serie/Babor, Jade C/Jade, Performance C Cosmence, Le Club des Créateurs de Beauté, Bestellservice unter Tel. (01 80) 5 24 13 13; Vitamin-C-Aufbaupflege/ Claire Fisher.

S. 80 Vitamin-Mix: Nivea Visage Vitamin-Aufbaucreme/ Beiersdorf; Vitalmine/Dior, Eclat du Jour/ Clarins, Juvenance Vitamin Mask/Juvena, Vibrant/ Prescriptives.

S. 84 Rhassoul: z. B. Alva, B & W, Lavera, (s. b. Natürliche Kosmetik), Fango: Borghese/ über Pardis, Englmannstr. 2, 81673 München, Tel. (0 89) 43 66 24 11; Schlamm vom Toten Meer: Alva (s. o.); Spinnrad (s. o.).

S. 85 Ananas-Waschcreme, Peeling Lotion/ The Body Shop; Clarifying Lotion/Clinique.

S. 90 Infos Aromatherapie/Adressen von Aromatherapeuten über Forum Essenzia e.V., Meier-Helmbrecht-Str. 4, 81377 München, Tel. (0 89) 7 14 53 91.

S. 94 Zutaten für Aromakosmetik: Primavera Life, Am Fichtenholz 5, 87477 Sulzberg, Tel. (0 83 76) 80 80 (auch Versand). Außerdem z. B. bei Comfrey, Tautropfen, Spinnrad, Stella-Essenzen (s. o.).

S. 103 Thalassotherapien: Thalasso-Reisen, Ludwigstr. 1, 79104 Freiburg, Tel. (07 61) 20 74 10; Ferienservice Haaser, Hauptstr. 42, 82387 Tutzing, Tel. (0 81 58) 60 61.

S. 104 Meeres-Pflegeprodukte/Nahrungsergänzung: Dr. Babor, Neuenhofstr. 180, 52078 Aachen, Tel. (02 41) 5 29 61 52; Biomaris, Parallelweg 14, 28219 Bremen, Tel. (04 21) 3 80 50 18; La mer Meereskosmetik, Hinrich-Wilhelm-Kopf-Str. 3, 27478 Cuxhaven, Tel. (0 47 23) 7 90 00; Origins, Brienner Str. 26, 80333 München, Tel. (0 89) 23 68 62 15; thalgo Cosmetics, Kriegsstr. 25 – 27, 76133 Karlsruhe, Tel. (07 21) 3 84 50 00; Thalasso Plus, Kaiserstr. 7, 66111 Saarbrücken, Tel. (06 81) 3 62 19; Daniel Jouvance, Albstadtweg 10, 70567 Stuttgart, Tel. (01 80) 5 88 22 11 (Duschköpfe, Versand); Fette & Co, Hohenstaufenring 57a, 50674 Köln, Tel. (02 21) 9 21 57 20; siehe auch bei Herstellern von natürlicher Kosmetik.

Register